JN236847

さすが！と言われる

ビジネスマナー
仕事の基本から、効率アップのスキルまで
完全版

はじめに

　ビジネスだから事務的にこなせばよいというスタンスは、現在の日本ではほとんど通用しません。それは「ビジネスも人間関係のうえに成り立っている」とする風土があるからです。そこに新社会人が突き当たる大きな壁があります。「世代も立場も異なる人とうまく付き合う」という壁です。

　学生であれば親や先生、アルバイト先の人とだけ接していればよかったのですが、社会人では役員をはじめ上司や先輩、取引先、出入り業者など、さまざまな人と接しなければなりません。さらに、そのうえで会社の利益になるよう立ち回らなければいけないのです。

　そこで必要となるのが、「ビジネスマナー」です。マナーといってもテーブルマナーのような格式ばったものだけではありません。心構えや行動、身だしなみ、考え方・受け取り方、話し方、聞き方など、じつに幅広い決まりごとがあります。ところがそれらは当然の「常識」とされ、教わることはほとんどありません。だから、新人や若手は失敗が多いのです。

　でも、難しく考える必要はありません。本書を読み進めていけば「なんだ、そんなことか」「そう考えればいいんだ」と気づくでしょう。ときには難しく感じる部分もあるでしょうが、それさえ練習しだいでいくらでもクリアできるものばかりです。

　人間誰しもイヤな思いはしたくない、気持ちよく過ごしたいと考えています。ビジネスマナーとは、そこを尊重しつつ会社の利益につながる、ちょっとした心づかい。それができれば、あなたの印象にも評価にも大きなプラスになるに違いありません。本書が、そのための礎（いしずえ）になれば幸いです。

高橋書店　編集部

ビジネスの基本をさまざまな角度から紹介

最低限押さえておきたい原則と理由にふれているので必読！

ひと目でわかるようイラストも配置。周辺のテキストを見るだけでもポイントがわかる

監修者の目 — 専門家が教えるちょっとしたコツや考え方を紹介

マメ知識 — 知っておくと便利、ほかの人に差をつけられる、……etc。そんな小ネタはここを見て

こんなときどうする？ — 多くのビジネスパーソンが経験してきた「仕事上でとまどうこと」「対応に困ること」をケーススタディで紹介

○○○のポイント — 失敗しないためのポイントをわかりやすく箇条書きに

○○○チェック表 — いざというときの強い味方。コピーをとってデスクに貼っておくと便利

NG — 新社会人にありがちな失敗、NGを網羅。できるだけ回避するよう反面教師としよう！

CONTENTS

● はじめに

第1章 ファーストイメージUP術
第1章監修 ●谷澤史子（イメージコンサルタント）

- ●身だしなみの基本 〜男性編〜
  あなたが会社の「顔」になる ... 10
- ●身だしなみの基本 〜女性編〜
  「調和」を第一に考える ... 12
- ●ワイシャツの基本
  白は正装用の下着!? ... 14
- ●ネクタイの基本
  この一本で印象がガラリと変わる ... 16
- ●靴、ベルトの基本
  「足元を見られる」ことのないように ... 18
- ●カバン、ビジネス小物の基本
  トータルコーディネートの最終関門 ... 20
- ●ウエアのお手入れ
  日ごろのケアで安物スーツも上等に ... 22
- ●メイク、ヘアスタイルの基本
  笑顔に勝るメイクはない ... 24
- ●ボディケアの基本①
  においの記憶はいつまでも ... 26
- ●ボディケアの基本②
  キタナイ指で商品を持つ？ ... 28
- ●カジュアルスタイルの基本
  靴に合わせればスベらない ... 30

ステップ・アップコラム❶ 自分の気持ちを色で高める ... 32

第2章 研修いらずの 社内業務&マナー

- ●仕事の基本
  いかに気持ちよく円滑に進められるか ... 34
- ●あいさつの基本
  あいさつは誰がために？ ... 36
- ●立ち方・お辞儀の基本
  基本動作だからこそ確実に ... 38
- ●イスの座り方・入退室の基本
  相手やまわりの人に配慮して ... 40

- ● 役職の呼称・よびかけ方
  縦型組織の理由は効率とリスク回避にあり ... 42
- ● 始業前の準備
  本来の業務がすぐ始められるように ... 44
- ● 終業前の心得
  上司への報告と翌日の下準備を ... 46
- ● 雑務あれこれ
  雑務は会社運営を支える大切な仕事 ... 48
- ● 指示を受けるときの基本
  疑問を解消し内容と意図を正確に把握 ... 50
- ● ホウレンソウ（報・連・相）
  報告・連絡・相談　それが仕事の基盤 ... 52
- ● 仕事を依頼するときの基本
  わかりやすさと気づかいのひと言を ... 54
- ● 短期スケジュールの基本
  業務を「見える化」＆段取り能力 ... 56
- ● 長期スケジュールの基本
  線の思考と短期目標がカギ ... 58
- ● 手帳の活用術
  古きよきビジネス万能ツール ... 60
- ● デスクの整理術
  個人スペースではなく仕事の場と心得て ... 62
- ● 書類の整理術
  書類には保存期間がある ... 64
- ● カバンの整理術
  カバンの整理で管理能力がわかる ... 66
- ● 日報・報告書の基本
  客観的に業務を見つめる重要書類 ... 68
- ● 会議に参加する
  業務の方向性を決める重要ミッション ... 70
- ● 会議を運営する
  活発な議論で最善の意思決定を ... 72
- ● 会社への連絡・届け出
  連絡は業務　届け出は義務 ... 74
- ● 上司・先輩との付き合い方
  敬意を払い　信頼を得る努力を ... 76
- ● 同期・後輩との付き合い方
  苦楽をともにする頼もしい仲間たち ... 78
- ● 仕事とプライベート
  境界線は気持ちの上にある ... 80

ステップ・アップコラム❷　もうひとつの「守秘義務」 ... 82

第3章 ものおじしない会話術

第3章監修 ●梶原しげる（フリーアナウンサー、東京成徳大学応用心理学部客員教授）

- ビジネス会話の基本
  目的達成のためのビジネススキル ……84
- ビジネス敬語の基本
  自分の立ち位置を表現する便利なツール ……86
- よく使う言い回し
  ビジネスを円滑に進める洗練された言葉 ……90
- ビジネスでの話し方
  相手の興味をいかに引くかを考えて ……92
- ビジネスでの話の聞き方
  たとえポーズでも興味を示せ ……94
- 言いにくいことを伝える
  あくまで人間関係。相手に合った対応を ……96
- 電話応対　〜基本〜
  業務把握のため積極的にとれ ……98
- 電話応対　〜かけ方〜
  たかが電話、では× 準備してからダイヤルを ……100
- 電話応対　〜取り次ぎ〜
  覚えれば簡単　新人のメイン業務 ……102
- 電話応対　〜担当者不在〜
  不在時の対応は3パターンだけ ……104
- 伝言の残し方
  メモと口頭　二段構えで確実に ……107
- クレーム電話の基本
  苦情には誠意をもって適切な対処を ……108
- 携帯電話の使い方
  商談中に鳴ったら？　相手のことを考えて ……110

コラム 監修者の独り言　よく聞く若手は成長が早い ……112

第4章 接客・訪問に役立つ 対顧客マニュアル

- 来客応対の基本
  会社のイメージは来客の応対しだい ……114
- 案内の手順
  お客さまへ細やかな気配りを ……116
- 席次　〜部屋編〜
  上座は奥！　または上等なイス ……118
- 席次　〜乗り物編〜
  安全性と快適性　相手の好みで判断を ……120

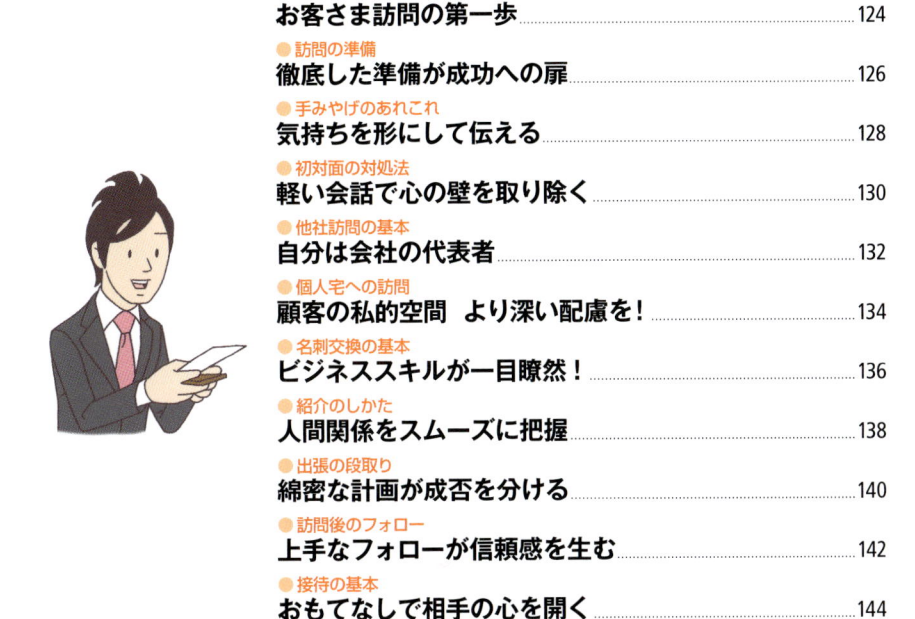

- ● 来客をもてなす基本
  すてきな笑顔と思いやりを忘れない……122
- ● アポイントメントの基本
  お客さま訪問の第一歩……124
- ● 訪問の準備
  徹底した準備が成功への扉……126
- ● 手みやげのあれこれ
  気持ちを形にして伝える……128
- ● 初対面の対処法
  軽い会話で心の壁を取り除く……130
- ● 他社訪問の基本
  自分は会社の代表者……132
- ● 個人宅への訪問
  顧客の私的空間　より深い配慮を！……134
- ● 名刺交換の基本
  ビジネススキルが一目瞭然！……136
- ● 紹介のしかた
  人間関係をスムーズに把握……138
- ● 出張の段取り
  綿密な計画が成否を分ける……140
- ● 訪問後のフォロー
  上手なフォローが信頼感を生む……142
- ● 接待の基本
  おもてなしで相手の心を開く……144

ステップ・アップコラム ❸ 取引先との話のネタがほしい……146

第5章 コツが凝縮 ビジネス文書作成法

第5章監修 ● 平野友朗（アイ・コミュニケーション　代表取締役）

- ● ビジネス文書の使い分け
  相手・分量・機密性で判断を……148
- ● 紙文書作成の基本
  その形式にも意味がある……150
- ● 社内文書の基本
  よけいなものはいっさい省く……154
- ● 社外文書の基本
  社外文書は「会社の意思」を示すもの……156
- 社内・社外文書の基本 共通　社内・社外文書の基本テンプレート……158
- ● 社交文書の基本
  コミュニケーションを深めるツール……160
- ● 封筒の基本
  第一印象は封筒で決まる……162

- はがきの基本
使い方しだいで格式もアップ 165
- 紙文書の決まり文句
そのつどその場に合ったものを 166
- メールの基本
便利だからこそ基本を押さえて 170
- メールの定型句&テクニック
定型句でリズミカル&ていねいに 172
- FAXの基本
上手に使えば作業効率が大幅アップ 174
- ステップ・アップコラム❹ チリも積もれば効率アップ 176

第6章 恥をかかない 冠婚葬祭（ビジネス版）

第6章監修 ● 岩下宜子（マナーデザイナー）

- 結婚披露宴の招待状
せっかくの誘い　極力参加しよう！ 178
- ご祝儀、祝電の基本
お祝いの気持ちを形に 180
- 披露宴の装い　～男性編～
新人は略礼装でもOK 182
- 披露宴の装い　～女性編～
会場を彩る華になる 184
- 受付を頼まれたら
受付・祝辞・余興　それは信頼の証 186
- テーブルマナー　～西洋料理～
楽しく安全に食べたい気持ちから 188
- テーブルマナー　～日本料理～
箸を正しく使う　何よりそれが先決！ 192
- 立食パーティーの基本
食事よりも会話を楽しむ 194
- 訃報を聞いたら
自己判断は危険！　まずは上司に相談を 196
- 香典の基本
違いを知り失礼のない準備を 198
- 通夜、葬儀の服装
とにかく地味にする配慮を 200
- 弔事のふるまいと作法
宗教を超えて故人を弔う 202
- 贈答品の基本
感謝の気持ちをあらわすいいチャンス！ 204

第1章
ファーストイメージUP術

「人間は中身。よく知ってもらえれば、好かれるはず」
……ビジネスにそんな時間はない。
ほんの数秒で好印象を得る術がここにある！

第1章監修●谷澤史子（イメージコンサルタント）

身だしなみの基本 〜男性編〜

あなたが会社の「顔」になる

① **スーツは相手のために**：相手への礼を尽くすための第一歩。「社会人としての立場」と「礼儀」をスーツで表現

② **会社の品格を守る**：社外の人にとっては、あなたが会社の代表者。その着こなしが、相手の会社からの印象を左右する

● 公私の区別をスーツでつける

スーツとは、社会人としてのあなたを彩る大切な衣装です。

学生時代ならどんな格好をしても「あなたの服装」としてあなた自身の評価になるだけですが、会社員になると「○○会社の人の服装」として見られてしまいます。だらしない服装は、「その程度の会社なのか」と会社のレベルを落とすだけ。

つまり、しっかりした服装でいることが、相手に信頼感を与え、会社の品格を上げることへとつながるわけです。となれば、スーツを着ることも仕事の一部。それが「ルール」なのだと割り切って、相手のため、会社のために、しっかりとした着こなしを身につけてください。

ただし、着こなしの方向性には要注意。流行や個性を取り入れた「カッコよさ」ではなく、相手に好印象をもたれるような「感じのよさ」をめざしてスーツを選ぶのがポイントです。

体に合ったスーツを選ぶ

色	濃紺 or チャコールグレー
肩幅	背広の肩が落ちないものを
ドロップ寸（胸囲－腹囲）	体のラインに合うものを
丈（たけ）	気をつけの姿勢で中指の第二関節〜つけ根くらい
ラペル（下襟／えり）	基本はノッチドラペル。シャープな顔立ちならピークドラペルもOK

＊困ったときはビジネス街のスーツショップの店員に尋ねるとよい

マメ知識

4着もつのが理想

スーツは、一度着たら2日休ませるサイクルで劣化を防ぎます。そのため、濃紺とチャコールグレーを2着ずつ計4着常備しておくのが理想です。

また、スーツの値段はご祝儀の金額と同じくらいが目安。新人なら3万円。主任クラスは5万円、管理職なら10万円。最近は3万円のスーツでも充分良質なので、まずは数をそろえましょう。

男性のスーツスタイル

最初は濃紺とチャコールグレーの2色さえそろえれば充分です。

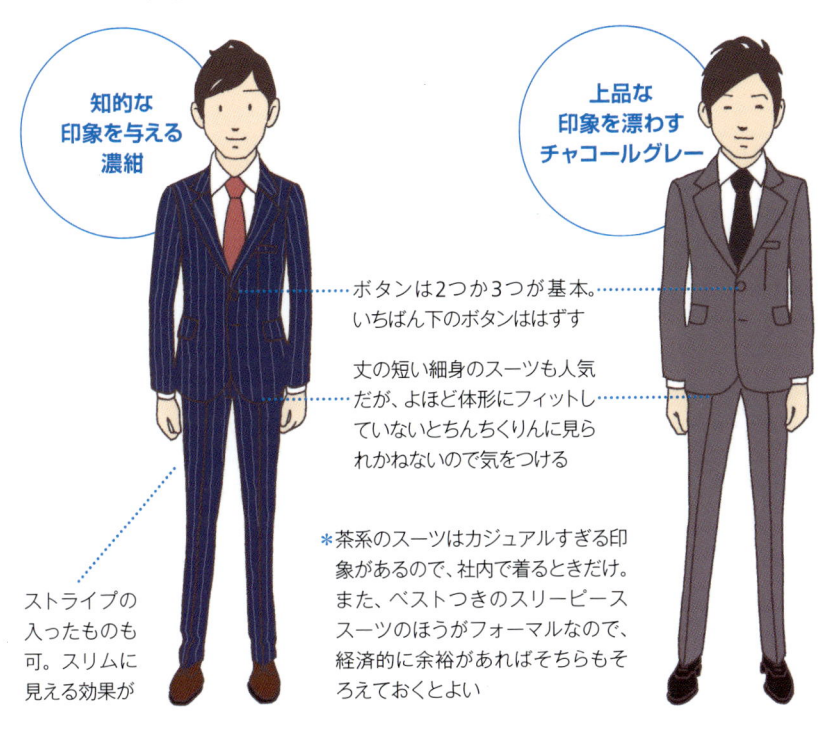

知的な印象を与える濃紺

上品な印象を漂わすチャコールグレー

ストライプの入ったものも可。スリムに見える効果が

ボタンは2つか3つが基本。いちばん下のボタンははずす

丈の短い細身のスーツも人気だが、よほど体形にフィットしていないとちんちくりんに見られかねないので気をつける

＊茶系のスーツはカジュアルすぎる印象があるので、社内で着るときだけ。また、ベストつきのスリーピーススーツのほうがフォーマルなので、経済的に余裕があればそちらもそろえておくとよい

● 黒いスーツにご用心

最近は、店頭に飾られるスーツに黒系のものが多いせいか、若者の多くが黒系のスーツを着るようになりました。しかし、これには注意が必要です。

<mark>本来、黒は冠婚葬祭用のフォーマルなもの。そのため、ほかの色のスーツと並ぶと、黒を着ている人のほうが格上に見えてしまう</mark>のです。同行者が若い上司や先輩であれば、その人よりも上に立つ人物と受け取られることもあるでしょう。

新人のうちは、黒を控えておくのが無難です。チーフや主任、係長など、役職についてから着るようにしましょう。

監修者の目

着こなしは姿勢でつくる

感じのよい着こなしは、スーツやネクタイだけでつくるわけではありません。あなたの姿勢でつくるのです。

下腹部に軽く力を入れ、背すじに一本線が通ったようにしっかりと立ち、肩甲骨を軽く引いて胸を開く、そう、ショーウィンドウに飾られたマネキンのような姿勢です。これが感じのよい着こなしとなります。全身の映る鏡やガラスを見かけたら、つねに姿勢を確認しましょう。

第1章 ファーストイメージUP術

身だしなみの基本 ～女性編～

「調和」を第一に考える

① **女性の服はマナー**：男性のスーツと違って女性の服装にはルールがない。"マナー"として周囲との調和を考えよう

② **3つの色で整える**：ベーシック、ニュートラル、アクセント。この3つを調和させるのがコツ

● マナーとして着こなそう！

男性の場合は、服装のルールが決まっているスーツから選んでいくだけですが、女性の場合は、制服以外に決まった服装がありません。この違いは、女性が本格的に社会進出してから数十年しかたっていない経緯からでしょう。

そのため、マナーと考えて身だしなみを整えていくことが大切です。基本的なところからいえば、ジーンズは避ける、派手すぎる服装や露出の高いものは避けるなど、相手を不快にせず自分を演出できるような組み合わせがベターです。

下のような色づかいにしておけば、まずは問題ありません。その後、先輩たちを手本としながら、会社の雰囲気に合った服装を取り入れ、自分なりのビジネスファッションをつくっていきましょう。

ここを押さえれば困らない！ ビジネスウエアの色づかいのポイント

アウターはベーシックに
アウターやパンツ、スカートは紺系、ベージュ系、チャコールグレー、こげ茶でおさえめに

インナーはニュートラルに
オフホワイト、パールグレー、ボーンカラーが基本。肩幅が広い人はシャツ、なで肩の人はフリルつきなどが合う

アクセサリーでアクセント
アクセサリーやベルトなどでワンポイントカラーを入れて、全体を整える。アウターと対照的な色が効果的

女性のスーツスタイル

パンツよりスカートがフォーマルですが、仕事に合わせて選びましょう。

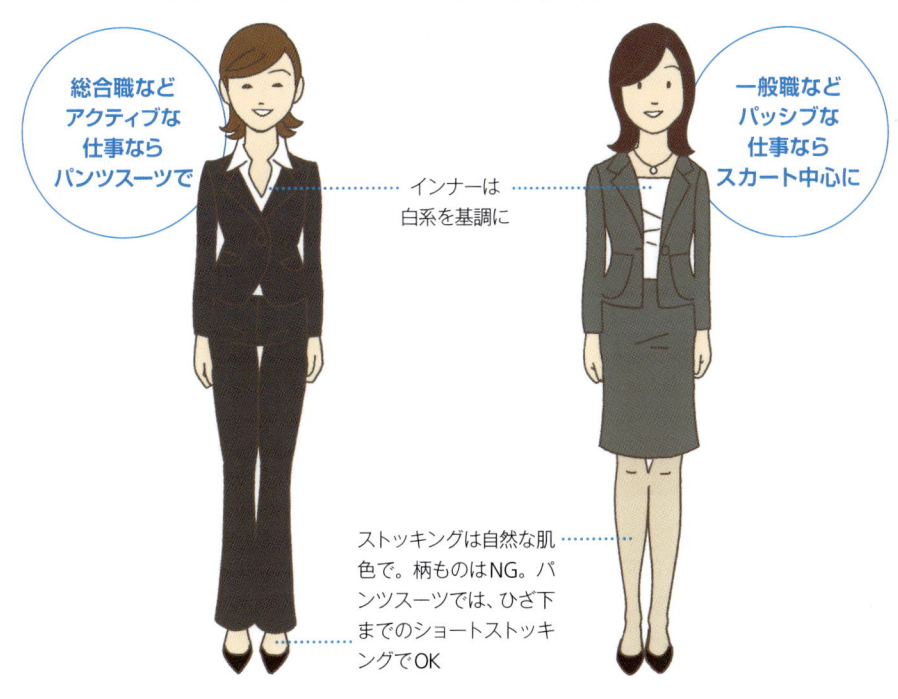

総合職など アクティブな 仕事なら パンツスーツで

一般職など パッシブな 仕事なら スカート中心に

インナーは白系を基調に

ストッキングは自然な肌色で。柄ものはNG。パンツスーツでは、ひざ下までのショートストッキングでOK

第1章 ファーストイメージUP術

● ニュートラルカラーのインナーで多彩な組み合わせを

　インナーは、ビジネスウエアをコーディネートするうえで非常に重要です。アウターと調和して使い回しできる、オフホワイト、パールグレー、ボーンの3色をそろえましょう。これならどんなスーツにも合わせられます。また、なで肩の人は、ブラウスやフリルつきのものを選びましょう。カットソーを組み合わせてもOKです。それまでとは違う印象が出て、自分の新たな一面を演出できます。

会社ルールは先輩を見て知る

　女性の身だしなみの基本は、会社によってまちまちです。これが正解というものはありません。そこで、まわりにいる先輩の服装をチェック！　ジャケットが多いのか、ラフさの度合いやアクセサリーの程度はどうか、色づかいはどの程度か、……など諸先輩の傾向をしっかりとらえて、取り入れましょう。ただし、先輩よりラフな格好はしないようご注意を。

ワイシャツの基本
白は正装用の下着!?

① **ワイシャツ≒下着**：スーツを汚れから守るために生まれた下着がワイシャツ。だから、ワイシャツ1枚でいるのは本来恥ずかしい姿

② **白は本来、式典用**：白は無難ですが、式典で着る正装の色。色の淡いカラーシャツを加えてバリエーションを広げよう

● 何よりも清潔感重視

　ワイシャツはスーツスタイルの必須アイテムですが、そもそもは下着の仲間です。だからこそ、スリーピース（三つぞろい）のベストが存在します。このベストは、人前でジャケットを脱いだとき、直接下着姿をさらさないようにするという配慮から生まれました。

　そんなワイシャツの役割とは、スーツを汚れから守ること。汗をスーツに移さないことはもちろん、袖先や襟元からチラリとワイシャツが見える構造になっているのも、そうした汚れやすい部位からスーツを守るためなのです。

　そう考えると、清潔感は最重要。購入する際はスーツに合うという点も大切ですが、「清潔感を与えられるか」ということを頭に入れて選べば、間違いないでしょう。

　もちろん下着なので、毎日必ず洗濯するのが鉄則です。汗ジミやにおいで不快感を与えないよう注意してください。

● 色選びは慎重に

　無難な色はやはり「白」です。しかし、これはあくまで日本の常識。海外で白は式典用なので、外資系企業や海外との取引が多い会社ならペールトーンとよばれる、薄いパステルカラーのシャツがよいでしょう。

　柄は、シンプルなストライプなら問題ありません。チェック柄はカジュアルな印象をもたれるので避けましょう。

マメ知識
下着にも気を使う

ワイシャツの下にシャツを着ると、「下着の二枚重ね」になりますが、高温多湿の日本ではしかたのないこと。ただし、Tシャツの絵柄や色が透けて見えるのはNGです。

おすすめは、汗を吸いやすく乾きやすいスリーブレスタイプのシャツ

カラー（襟）のタイプ

ワイシャツはカラーの形状によって印象が変わります。着慣れてきたら違うカラーにも挑戦してみましょう。ただし、ボタンダウンはカジュアルなイメージが強いので注意。

レギュラーカラー
標準的な形状。これなら失敗はないので、基本スタイルとして数着用意しておく

ロングポイントカラー
レギュラーカラーよりも襟羽の長いタイプ。首元が引き締まった印象を与えられる

ワイドカラー
襟の開きの角度が大きいタイプ。肩幅が広く、がっちりした体形の人によく似合う

カフス

ワイシャツの袖口（そでぐち）のこと。カフスボタンは式典でつけるイメージですが、ビジネスの場でもOK。おしゃれポイントのひとつです。

シングル
袖を合わせ、ボタンとボタンホールで留めるだけ。ボタンにはいろいろな種類がある。シンプルなものがおすすめ

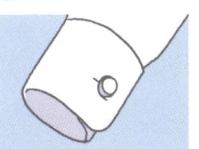

ダブル
袖を折り返してからボタンを留めるタイプ。こちらのほうがよりフォーマル

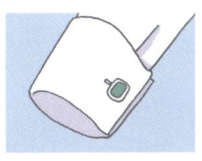

● ワイシャツは最低6枚

忙しくて、休日にしか洗濯できなくても支障ない数を用意しましょう。色は説明会や面接などで見かけた先輩社員を参考に、白と色ものの割合を決めていくのも一案。基本は白をベースに1～2枚だけ色もの。外資系の場合は比率が逆転してもよいでしょう。

また、ワイシャツは消耗品です。耐久年数は2年ほどですが、袖口や襟先などに汚れやほつれが目立ってきたら替えるようにしてください。

シャツの枚数と色・柄

Q1. 1シーズンを何枚のワイシャツでローテーションしていますか？

10枚以上	8～9枚	6～7枚	5枚以下
8人 26.7%	10人 33.3%	9人 30%	3人 10%

Q2. どんな色・柄のシャツをもっていますか？

- 白無地
- 白に織り柄
- 白にストライプ
- ブルー
- ピンク
- グレー
- クリーム色

（回答が多かったもの）

※22～29歳の若手ビジネスパーソン(30人)にアンケート

未婚の男性ともなると、毎日シャツを洗えるほど家事に手が回らないのが現状。月曜から土曜の6日間を乗り切れる枚数をそろえている人が大半という結果に。色はどんなスーツにも合う白が圧倒的に多かった

第1章 ファーストイメージUP術

ネクタイの基本
この一本で印象がガラリと変わる

① **柄は無地から**：チェックは遊びのスタイル、ストライプは元々学生や軍隊用。コーディネートしやすい無地からそろえて
② **素材でも印象が違う**：素材は万能なシルクからそろえ、コーディネートの幅を広げよう

● まずは柄から決めていく

ネクタイの起源は諸説ありますが、元々ファッションとして生まれたもので、現在では「スーツとネクタイはセット」とよべるほど定着しています。そのため、スーツやワイシャツとのバランスを重視することが大切です。ネクタイ単品で選ぶと失敗します。

最初に必要なのは無地。色は濃紺、エンジ、素材はシルクとすれば先述したスーツとワイシャツはもちろん、どんなスーツにも合わせられます。

続いて、水玉などの小紋タイプ。華やかな印象をもたれがちな水玉は、じつはフォーマルな場でも充分に通用する柄といえます。

また、斜めのストライプは、海外では学生や軍隊のイメージが強く残っています。しかし、日本のビジネスシーンなら有効です。無地、小紋、斜めストライプの3タイプから選んでいきましょう。

ネクタイ選びのポイント

■ **素材**
シルクなら一年中OK。また、夏場はコットン、冬場はウールも○。ただしカジュアルさが出るので多様は禁物。

■ **色**
基本的に紺のスーツと合うようにつくられているので、どれを選んでも構いません。

■ **ラペルの幅**
大剣の先をラペルの幅に合わせるため、購入時はスーツ着用がおすすめ。

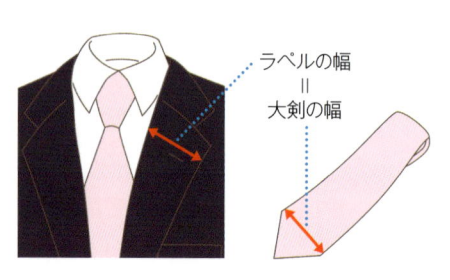

小剣　大剣

ラペルの幅 ＝ 大剣の幅

コーディネート例

	無地	小紋	ストライプ
濃紺			
チャコールグレー			

第1章 ファーストイメージUP術

結び方の王道2パターン

プレーンノット

小剣を軸に大剣をクルクル回して結ぶ方法。
ラペルの狭いスーツはこの結び方で。

❶ 小剣の継ぎ目に大剣を上からクロスさせる

❷ 小剣の裏側を通すよう大剣を1周させる

❸ 首元の輪に大剣を通す

❹ ❷でできた輪に大剣を通す。結び目をつまみ、形を整えながら引き上げる

セミウィンザーノット

結び目が太く、冠婚葬祭などのあらたまった場にも使える結び方。
ラペルの広いスーツにもOK。

❶ 小剣の継ぎ目に大剣をクロスさせ、裏側を通すよう1周させる

❷ 大剣を首元の輪に通し外側に出す

❸ 大剣を、小剣の前に通しながら1周させ、首元の輪に巻きつける

❹ ❸でできた輪に大剣を通し、形を整えながら結び目を引き上げる

17

靴、ベルトの基本
「足元を見られる」ことのないように

① **「遊び」の印象はー（マイナス）**：ビジネスは信頼第一。ローファー（紐なし靴）やポインテッドトゥ（とんがり靴）は、おしゃれだとしてもNG

② **動きやすいフォーマル**：女性は足の指を見せないパンプスがベスト。出社後に履き替えるならブーツやヒールも可

● おしゃれは足元から

社会人になるということは、公の自分をつくるということ。そのために大切なのが靴です。スーツやネクタイをビシッとそろえていても、ローファーやポインテッドトゥなど、若者向けのカジュアルな靴を履いていると、どうしても軽く見られてしまいます。

女性も同様です。サンダルのように足の指が見える靴は自己主張していると勘ぐられるため、仕事という公の場にはふさわしくありません。

では、どのような靴が好印象を与えるのでしょう。やはり黒や茶系のフォーマルな革靴です。形式にのっとったスタイルで公の自分をつくれば、どんな場に出ても臆する必要はありません。==熟練した相手ほど、人を見るときに足元のチェックは怠りません==。そして、ビジネスの場にはそんな目の肥えた相手がたくさんいます。だからこそ、きちんとした靴とケアが大切なのです。

靴選びのポイント

男性　黒の革の紐靴でストレートチップが必須。これがもっともフォーマルです。続いて、こげ茶色の紐靴。もし、仕事後に出かけるならば、ベルトのついたモンクストラップ。ややカジュアルですが、ビジネスで使ってもOKです。

女性　足先の見えないものがビジネス向き。基本はパンプス。やはり、黒は押さえておきたい色です。カジュアル寄りなら、バックストラップもOK。ブーツは防寒具なのでコートと同じとみなします。ブーツを履いて出社したら、会社でパンプスに履き替えましょう。

長持ちさせるための日常ケア

汚れを軽く落としたら、丸めた新聞紙を入れて日当たりのよい場所に置きます。女性の靴は風通しがよいので、新聞紙は不要。日当たりのよい場所に置くだけで、においもとれます。また、磨くときは前と後ろをメインに、両サイドは軽くサッと磨くだけ。そのほうが美しく見えます。

ひび割れ防止対策は週1で

革靴は、乾くとひび割れてしまいます。そこで、週に1度はクリームを塗って保護することが大切です。しかし、出張先や外出先ではなかなかできません。そこで活躍するのが、ハンドクリーム。革は人間の皮膚と同じようなもの。そのまま靴に塗れば、翌朝にはツヤツヤになっています。

ベルトの選び方

■男性はシックに

幅が3〜3.5cmのものを選びましょう。それ以上はカジュアルとみなされます。色は靴と合わせます。黒の靴なら黒のベルト、茶の靴なら茶のベルトと、靴の色の数だけそろえましょう。なお、サスペンダーでもマナー上は問題ありません。

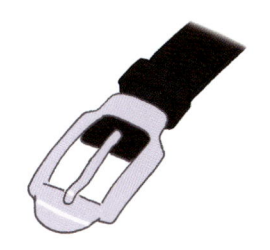

■女性はアクセントカラーにも

靴の色と合わせればフォーマル度が増します。逆に、アクセントカラーをもってくるのもよい方法です。ほかのアクセサリーでアクセントをつけず、ベルトをワンポイントとして上下のスーツに調和をもたらすと、より活動的な印象になります。

カバン、ビジネス小物の基本
トータルコーディネートの最終関門

① **カバンは靴に合わせる**：書類を折らずに入れられ、立てられるタイプを。色は靴に合わせるのがベスト！

② **腕時計は必需品**：ブランドものやダイバーズウォッチ系はNG。男女ともスーツに合うシックなものを

● 小物までしっかり考えて身につける

ついつい個性的なもので遊び心を出したくなる小物類。しかし、それは大きな間違いです。小物類までしっかりとつくり上げないとバランスが崩れたコーディネートになってしまいます。

試しにカバンや定期入れ、財布、筆箱など、これまで使っていたものをスーツ姿で持ち歩いてみます。それで小物類が浮いて見えたら合わない証拠。この機会に買い替えましょう。

また、最近は腕時計をせずに携帯電話で時間を見る人が増えていますが、これは厳禁。取引先の目の前で携帯電話に目をやると、相手には仕事中にメールチェックしているように映ってしまいます。

たとえ時間を確認しただけでも、相手にそう思われたらNG。商談に影響しないよう、腕時計を必須アイテムとして、しっかり身につける習慣をもってください。

カバン選び

押さえるべきポイントは、統一感を出すためベルトや靴の色と合わせること、床に置いて立つタイプにすることです。

カバンは、しばしば床に置かれますが、床にべったり寝そべったカバンは、あまり格好のよいものではありません。A4の資料が折れずにすっぽり入り、シワなく立てられるものこそ、ビジネス向けのカバンです。

女性は、カバンの中に財布や定期入れなどをしまう小さいバッグを入れておくと便利

コートは体形で選ぶ

男性は、ジッパーよりボタンで留めるコートのほうがスーツに合います。体形が逆三角形ならトレンチコート、少し丸めならステンカラー、中間ならどちらでも…という具合に、自分の体つきで選ぶとよいでしょう。

女性の場合、種類が豊富なので一概に「これがよい」とはいえません。ただ、ジャンパーやカジュアルすぎるものは避けましょう。スカートより長いコートなら、エレガントに引き立ててくれます。

ビジネス小物選びのワンポイント

時計
若者に高価なブランドものはNG。メーカーにこだわらず、革かメタルのシックなタイプにしましょう

名刺入れ
いわば「名刺の座布団」。ステンレス製だと名刺がすべり落ちるので、失礼。革か布製が基本です

財布
名刺入れや定期入れと同色で革製の長財布が理想。あまり人前で出すものではないので、女性は派手すぎなければOKです

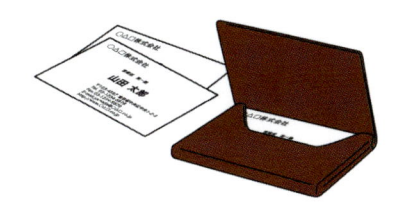

その他常備品リスト

- 手帳
- 筆記具
- 定期入れ
- 電卓
- 折りたたみ傘
- ハンカチ
- ハンドクリーム
- ティッシュ
- オーラルケア用タブレット
- シューズクリーナー

第1章 ファーストイメージUP術

ウエアのお手入れ

日ごろのケアで安物スーツも上等に

① **日々のケアで長持ち**：スーツにはちょっとしたケアが必要。長く着れば、体になじんだオンリーワンのスーツになっていく

② **アイロンがけは必須スキル**：毎日パリッとしたシャツを着てこそ一人前。ビジネススキルのひとつと心得て

● 家事が苦手なら必見！ そして実行！

買ったときにはパリッとして、誰が見てもりりしく映えます。しかし、時がすぎればシワが寄り、毛羽立ちも目立ってみすぼらしく……。でも、スーツは高価だからこそ長持ちさせたいのが心情です。

そのためには、日々のケアが大切。決して、難しいことではありません。スーツは1回着たら2日休むローテーションで着用し、着たあとは軽くブラッシングをする。これだけでケアは完了です。汗をかかない季節ならクリーニングに出すのは、1シーズンに1回で充分です。

スーツの主素材である==ウールは呼吸するため、直射日光のあたらない風通しのよい場所に干せば、湿気を出してシワが伸び、においも消えていく==のです。

めんどうでついつい忘れがちですが、ケアをしてこそ自分に合ったスーツになるので、きちんと続けましょう。

スーツは一日2分のブラッシングでコンディションをキープ

用意するものはハンガーとブラシ。ハンガーは肩に厚みのあるしっかりとしたものを。購入時についてくるものでOKです。ブラシはイラストのようなしっかりとしたものを使ってください。

❶ ハンガーにかけ、下から上に向けてブラッシング

❷ 生地に入り込んだホコリが表面に出てきたら……

❸ 最後に上から下にブラッシングし、ホコリを落とす

手で伸ばし　アイロンで仕上げる

　アイロンはイラストの番号順に、はじめはパーツから、徐々に大きな面へとかけていきます。襟など芯の入った部分はのりづけすると、パリッと仕上がります。また、アイロンでシワを伸ばそうとしてもなかなかうまくいきません。手でシワを伸ばしながらかけるのが何より重要です。

❶ 襟
襟を伸ばし、肌に触れる側にのりづけ。左右から中心に向かってかける

❷ 袖口（そでぐち）
肌に触れる側にのりづけ。ボタンまわりに注意

❸ 袖
体側の袖口からわき、外側へとかける。アイロン台があるとラク

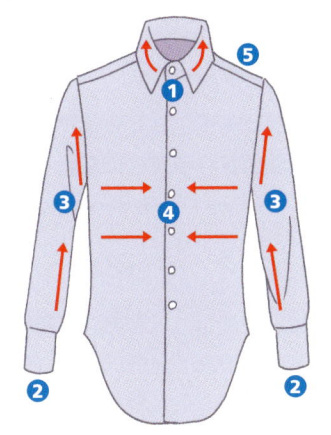

❹ 前面
両わきから中心に向かってかける。ボタンまわりは裏側から

❺ 背面
肩口から腹部へとかける。手で少しずつシワを伸ばしながらかけるとよい

> **マメ知識**
> **のりづけは汚れの防御膜**
>
> パリッとするのりづけは、汗ジミやホコリの防御膜にもなってくれます。そのため、黄ばみやすい襟や袖口ものりづけするだけで黄ばみを防ぎ、寿命が延びます。

外出先でシミが！　どうすればいい？

　外出先での食べこぼし。早く処置しないとせっかくのスーツが台なしになります。簡単な応急処置方法を覚えておきましょう。

1 シミのついた部分の裏側に乾いた布（タオル地が◎）を当てる

2 水、できればぬるま湯を別の布に軽く含ませて……

3 シミを裏側の布に移すようトントンとたたく

> **マメ知識**
> **熱湯を使ってみよう**
>
> 油などのしつこい汚れの場合、シミに熱湯をかけてみましょう。これで落とし切れない汚れは、再度トントンとたたいてみます。それでもダメなら、クリーニング屋に直行してください。

第1章　ファーストイメージUP術

メイク、ヘアスタイルの基本
笑顔に勝るメイクはない

① **ナチュラルが理想**：「全パーツを完璧に」はNG。化粧が目立たないことこそがナチュラルメイク

② **豊かな表情が大切**：しっかりメイクしても仏頂面では×。表情の豊かな人ほど注目される存在になれる

● ビジネスの顔は表情＞メイクでつくる

　ナチュラルメイクとは薄化粧のことではなく、メイクをしているのに化粧が目立たず自然に見えるメイクのことです。

　そんなメイクを実現するには、「バッチリメイク」からの引き算。目を大きく見せるためのアイラインとマスカラより、生き生きとした表情に見せるためのメイクになっているかが重要。ビジネスで必要なのは完璧なメイクではなく、相手を不快にさせない程度のメイクと、自分の意思をはっきりと示す表情なのです。

　表情は、メイク以上に大事なビジネスアイテム。これは男性も同じです。自分の顔と表情が相手にどんな印象を与えるかを知るためにも、鏡の前で表情をチェックしておきましょう。

メイクはこれだけで!!

　ナチュラルメイクで使うアイテムは次の4つ。たくさん塗って顔をつくるのではなく、表情を最大限に活かすようなメイクを心がけましょう。

ファンデーション	顔色は体調によって変わります。コンディションがよく見えるようにファンデーションで整えます
眉（アイブロウペンなど）	元気さを演出するように。はっきり描くと不自然なので、眉頭をぼかして自然な感じに
チーク	血色よく見せるようにするのが基本。頬の骨格を意識しながら、自然な赤みを与えます
口紅	チークと同様血色よく健康的に。仕上げにグロスを軽く塗り、ハリとツヤを出します

NG スッピンと塗りすぎに注意

厚化粧もスッピンも、相手を一歩引かせ、こわばらせてしまいます。あくまで健康そうに見せるのがいちばんのメイクです。

自分を演出する2大要素

表　情

■ **笑顔が自然につくれるように**

　表情をつくるのは口角（こうかく）と眉です。毎朝、鏡を見ながら口角と眉を動かして、表情筋のストレッチをおこないましょう。歯磨きをしながら眉全体を上げる、朝のニュースを見ながら口角を上げるなどして、筋肉をほぐせばOKです。やわらかい筋肉がつくる自然な笑顔は、相手に好印象を与えること間違いなしです。

髪　形

スタイル

　清潔さは大前提。目が隠れると表情がわかりません。前髪を垂らしても、目ははっきり見せるようにします。
　男性は襟足を伸ばしすぎないこと。ジャケットと髪のあいだからシャツの襟が見えるようにしてください。

色

　男性は黒がベストですが、濃いめの茶色なら問題ありません。女性はもう少し明るくてもOK。しかし、基準は職種によってまちまちなので、先輩を参考にそれより明るくしないようにしましょう（ヘアカラーの色見本を常備する会社もあります）。

シュシュやピンもアクセサリー

　長髪をまとめる場合に使うシュシュやピンも、アクセサリー的な位置づけ。柄が目立つものやキツい色合いのものは避け、おとなしくまとめるのがマナーです。

第1章　ファーストイメージUP術

ボディケアの基本①
においの記憶は
いつまでも

① **誰もが敏感なにおい**：自分のにおいは自分では気づかないもの。知らないうちに不快さを与えないよう油断は禁物
② **においは覚えやすい**：においの印象は長期間残る。マナーとして消臭対策を日常の習慣にすることが大切

● 知らず知らずマイナスイメージ

　自分のにおい、知っていますか？　友人どうしなどの親しい間柄では注意しないことも多く、気づいたときには不快感を撒（ま）き散らしていることになりかねません。とくにタバコを吸う人は要注意。知らぬまにタバコのにおいが染みついているはずです。初対面の人と会う前には相手が非喫煙者であることも考えて、スーツに軽く無香料の消臭スプレーをかけ、デンタルリンス（洗口液）でうがいをする習慣をつけましょう。

　また、においは細菌の繁殖によって生じる場合も多いので、ふだんから清潔にしておくのが重要です。

　におい対策は自分のためであると同時に、相手に不快な思いをさせないためのマナー。この認識を忘れずに、消臭対策をしっかりおこないましょう。

におい対策1　足のにおい、靴のにおい

　足のにおいの原因は、足の裏の常在菌といわれています。足と靴のあいだのじめじめした空間は、常在菌の快適空間なのです。また、靴のにおいが足に移っているケースもあります。

　いずれにせよ、靴の中に新聞紙を入れて日当たりのよい場所に数日間置きましょう。においのもととなる雑菌が死滅し、においが消えます。また、抗菌作用のあるウエットティッシュで足をこまめに拭（ふ）き、乾いてから靴下を穿くのも効果的です。

香水はほんのり香る程度に

　女性なら香水に惹かれたりもするでしょう。人間は同じにおいを嗅ぎ続けていると、鼻がにおいに慣れてしまい、においに気づきにくくなります。そのために、ついついつけすぎて……。

　しかし、周囲の人は少量でもしっかりと嗅ぎ分けています。相手には確実に届いていることを頭に入れて、香水はワンプッシュまたは小指の先に１滴程度にとどめてください。

香水にはアルコールが含まれているので、すぐに蒸発し、香りが上昇していきます。それを上半身につけると強いにおいのまま相手に届いてしまうので、ひざの裏や足首、手首など、おへそより下の脈打つところにつけましょう

におい対策2　体臭

　夜お風呂に入っても、寝ているあいだに汗が出て、新陳代謝が進みます。それが体臭の原因になるのです。そこで、朝起きたら濡れタオルで体を拭いてから出勤するとにおいがかなり防げます。もちろん、朝風呂派はそれでOK。しっかりと体を乾かしてから着替えるようにしてください。

におい対策3　口臭

　夜の歯磨きでは、歯間ブラシや舌磨きもおこなうのが理想。在社中は昼食後の歯磨きがベストですが、そんな時間を取れない人も多いでしょう。

　マナーとしてオーラルケアタブレットを常備し、人に会う前に２〜３粒舐めると効果的です。

マメ知識　制汗剤を使うなら

夏場や多汗性の人は、制汗剤を使う習慣を。無香料がベストですが、なければ微香性でOK。つけすぎは逆に、においの原因になるので注意してください。

第１章　ファーストイメージUP術

ボディケアの基本②
キタナイ指で商品を持つ?

① **指先は必ず見られる**：書類を出すとき、商品を持つとき……ツメ先が汚れで黒いとそれだけで魅力が半減する

② **商談中に気になる1本**：たとえ1本でも鼻毛が出ていたら、笑い物に。出勤前と商談前にはしっかりチェックを

● 気のゆるみが清潔感を吹き飛ばす

「お茶をどうぞ」と出された湯飲みを持つ指先が汚れていたら、どんなに高級なお茶でもおいしく感じません。同じく、商品や書類を持つ手が汚れていると、それを素直に手渡されたくないもの。「その程度の指導しかできない会社」と、商談相手から軽く見られてしまうでしょう。

それは指先だけに限りません。乾燥肌のカサカサした頬やひび割れた唇は、不潔で痛々しい印象を与えます。たとえ鼻毛1本でもだらしなさが際立ち、清潔感は一瞬で吹き飛びます。

スーツやアクセサリー、メイクなどは自分を演出してプラスに見せるテクニックですが、ボディケアはマイナスを取り除くための心がけです。アイテムにこだわるあまり、これらがおろそかになることも多いので、注意してください。

指先・ツメのケア　女性は健康的に、男性は絶好のアピールポイント

つけヅメでパソコンは打てません。デコレーションも自己主張が強いとみなされ、印象が悪くなります。といって何もしないのもNG。メイク同様、清潔で健康的に見える方向性でケアしましょう。

また、男性の場合はあまり気にしない部分ですが、それだけに好印象を与える絶好のケアポイントになります。

ツメ
マニキュアは淡いピンク系で、ツメをあまり伸ばさないのが基本。男性は、ハンドクリームを塗るだけでOK

指先
お金に触れたり、ペンで書いたりする指先は汚れやすい部位。ツメの先まで、こまめに確認を

スキンケア　マナーの一環として男性も

　身だしなみとしてのスキンケアの場合、チェックポイントはそれほど多くはありません。唇がひび割れしやすい、乾燥肌でカサカサに、……など自分の症状に合わせたアイテムを携帯しておけば事足ります。スキンケアと聞くと女性だけと思いがちですが、これくらいはマナーの一環。男性もやっておきましょう。

リップクリーム、保湿クリーム、あぶら取り紙、洗顔石鹼……簡単なアイテムを使って、ちょっと気配りするだけ

ムダ毛のケア　男性も鼻だけはやっておこう

　最近では男性も眉を整える人が増えていますが、ビジネスマナーのうえでは、鼻毛のチェックのほうが重要です。鏡に向かって鼻を持ち上げ、しっかりチェック。毛抜きやシェーバーで処理しましょう。女性の場合はわきのケアも忘れずに。

夕方にはもう一度チェック

　残業で引き続き仕事をする場合は、夕方に再度ボディケアをしておきましょう。チェックするのは、右の3点。男性は、とくに❸が必須です。日中の精力的な活動から、余分な脂が浮いているはずです。一度、洗顔石鹼で洗えばリフレッシュできて仕事もはかどり、おすすめです。

夕方はココをチェック！
❶ ひげや鼻毛などの体毛チェック
❷ わきや口のにおいチェック
❸ 顔のてかり度チェック

疲れに対するケアもしっかり

- **疲れ目**　蒸しタオルがベスト。血流を増やし、疲れをほぐしてくれます。社内では手のひらで軽く圧迫するのもグッド。
- **足のむくみ**　靴を脱いで足首をグルグル回す。座り仕事なら5分ほど歩いて血行を促進させるとよいでしょう。

第1章　ファーストイメージUP術

カジュアルスタイルの基本
靴に合わせればスベらない

① **革靴に合うものを**：カジュアルスタイルでもビジネスの場。フォーマルな靴に合わせて選べば失敗しない

② **露出は1か所だけ**：胸元の開いた服にミニスカートでは遊びモード。腕、足など、1か所出したらほかを隠すのがビジネスマナー

● 目指すはビジネスカジュアル

近年、服装が自由な会社が増えていますが、実際は何を着てもいいというわけではありません。きちんとした「ビジネスのカジュアル」を着こなさなくてはならないのです。

そのポイントになるのが靴。靴は服装全体を左右します。たとえば、靴をスニーカーにすると必然とジーンズや派手なシャツを選ぶことになりますが、それではビジネスに不向きな服装ができあがってしまいます。そこで==男性は革靴、女性はパンプスを履き、それに合わせるようにスラックス、シャツと決めていきましょう==。これだけで、ビジネスにも通用するカジュアルになるはずです。

最初の1年くらいは、少しずつ購入することを視野に入れながら、試していきましょう。

NG NGカジュアル

これらはすべて遊びに行くときの格好です。ビジネスということをわきまえ、こうした服装は避けること！

| ノベルティTシャツ | キャミソール | カジュアルジーンズ | スポーツウエア |

第1章 ファーストイメージUP術

ビジネスカジュアル

男性

ふだん使っている革靴に合わせて濃いめのスラックスをチョイス。ベルトをこげ茶でおとなしくし、薄い色のシャツで清潔感を出した。ジャケットは、ビジネスを意識している。ポケットチーフがワンポイント

女性

ひざ丈のスカートなので、胸元の露出を控えめに。ふだんはNGのスカーフをワンポイントにしているため、アウターはおとなしい印象のものを選んでいる

カジュアルのポイント

ジーンズ
ジーンズは元々作業着なので本来はNG。しかし、濃い色のジーンズに革靴とジャケットを合わせればOKな職場も。

露出度
女性は腕、胸元、足のうち、1か所を露出させる。露出なしでは地味、2か所以上の露出は、遊びの領域になります。

アクセサリーの種類

　仕事のじゃまになるものはNG。たとえば、動くと音が出るアクセサリー（ブレスレット2つ付など）は電話の妨げになります。光りすぎるものも周囲の人の集中力を奪い、不向きです。あまり華美なものにせず、ワンポイントを心がけましょう。

ステップ・アップコラム❶

自分の気持ちを色で高める

　第1章では、若者向けに堅実さと誠実さを重視したスタイル、身だしなみについてお話ししてきました。しかし、ときには違う自分を見せてみたい日もあるでしょう。そこで利用したいのが、色のもつイメージです。

　人は、身につけている色によって、気持ちが大きく変わります。もちろん、相手に与える印象もガラリと変わります。たとえば、この服を着ると気分が落ち込む、こちらを着ると気分よく動ける……といった経験がありませんか？　もしや、その服装に対して特定の色を好む傾向があるのでは？　それこそまさに色のイメージが影響した証拠。"色彩心理"の体験なのです。

　きょうは初のプレゼンだから冷静に！　夜は接待だから積極的に！　その日の自分に必要な気持ちを、色にたとえ身につけてください。きっとビジネスの場でも大きな力を発揮するはずです。

色のもつイメージ

色	イメージ
赤　Red	情熱　活動的　積極的　外向性　興奮
青　Blue	冷静　沈着　知性　内向的　冷たさ
緑　Green	安定　秩序　平和　健康　若々しい　安らぎ
黄　Yellow	元気　明るい　自由
橙　Orange	目立つ　明るい　元気　陽気
黒　Black	不安　神秘的　高貴な　洗練された
白　White	純粋　高貴　洗練された　清潔感
茶　Brown	豊かさ　現実的　知性　頼れる　親和的　安心
灰　Gray	落ち着き　保守的　人工的　品のよさ
桃　Pink	ソフト　やさしい　スイート　愛

第2章

研修いらずの社内業務＆マナー

仕事って何？　どうすればいいの？
そんな新人が一気に成長する
社内業務のノウハウを紹介。
これができればベテラン並みになれる

●高橋書店編

仕事の基本

いかに気持ちよく円滑に進められるか

① **ルールは何のために**：理由は2つ。仕事にかかわる人たちを不快にさせないため。効率的に仕事をするため

② **ひとりではできない**：仕事は必ずチームワーク。実感がなくても、自分のまわりにはサポート役、監督役、応援役がいる

● 仕事とは

その問いの答えは千差万別。報酬を得ること、自分を成長させること、社会に貢献すること、……どれも正しい答えです。ただ、これだけは理解してください。会社は、社員全員が協力して利益を生み出す組織。自営業もクライアントなしでは失業します。つまり、仕事は「自分ひとりで成立するものではない」ということです。

そして、その仕事を続けていくためには、仕事にかかわるすべての人が、気持ちよくスムーズに作業できなくてはいけません。そのために存在するのが、ビジネスマナーです。

本書で説く礼儀作法やルールは、社会人として最低限覚えておくべきものです。敬語や冠婚葬祭など、複雑で難しいと敬遠されがちなところもわかりやすく解説しているので、しっかり身につけてください。

● なぜルールがある?

複数の人が集まる場所では必然的に礼儀作法やルールが生まれます。もし、自分勝手な人や無礼な人がいると、不快でモチベーションが下がるだけでなく、業務が滞ったり混乱したりすることになりかねません。

職場のルールはそうしたことをできるだけ防ぎ、全員が気持ちよく働くため、スムーズに業務を進めるためにあるのです。

ビジネスマナーは、国内企業ならほとんど共通です。それは、多業界が関連し合い、成り立っているのが社会だからです。

しかし、たとえば服装に関することや経費・書類に関することなど、ルールが異なっている領域もあります。

こうした領域は、その会社がよりよくなるよう試行錯誤の末に定まったもの。こうしたいくつものルールを守ることが、仕事をこなすうえでのベースとなります。

これが仕事の基本8項目

仕事の基本は、次の8項目。入社後、すんなり職場になじめるか、成長していけるか、成功できるかは、すべてこれらが基盤となります。簡単なものばかりですが、そのぶんおろそかにしやすいので、ときどき思い出して気を引き締めましょう。

基本 1 好感を与えるふるまいを

不快感を表に出すことは、周囲の人にストレスを与えているということ。それでは仕事の効率が悪くなるばかりか、誰も協力してくれなくなります。

ふだんのあいさつや態度、返事にも相手を思いやるようふるまってください。

基本 2 環境が成果を左右する

机の上がグチャグチャで、「あの資料、どこにやったかな……」などと捜し回るようでは時間のロス。デスクの周囲やパソコンの中、カバンの中など、周囲の環境をきちんと整えておくことが効率の向上、成果アップにつながります。

基本 3 時間や納期は厳守

約束した期限を守れないのは、スケジュール管理や業務処理能力が不足しているから。日々スケジュールを見直し、問題は早急に解決。変更点は関係者に告知することが重要です。時間や期限は必ず守り、やむなく遅れる場合は連絡を。

基本 4 軽い仕事と侮らない

どんなに簡単そうな仕事でも、仕事は仕事。ミスは許されません。「これなら片手間にできる」などと侮って気を抜いていると、記入ミスや納品間違いといったケアレスミスが頻発します。

一業務入魂の気持ちで臨むべし！

基本 5 仕事はチームワーク

契約をとった人だけが英雄ではありません。それをサポートする一般職やアドバイスをくれた先輩、自分を信じて任せてくれた上司がいてこそ成しえたもの。うまくいったのは自分の力と過信せず、周囲への感謝を忘れないでください。

基本 6 自分ひとりで背負わない

ときには同僚を信じて任せるべき。それが任された人のやりがい、成長へとつながります。もしひとりで抱え込んでキャパシティオーバーになったら、会社も取引先も大損害。それを避けるためにもホウレンソウ（52ページ参照）を忘れずに。

基本 7 神様でも小間使いでもない

「お客さまは神様」だからといって、何でも条件をのむわけにはいきません。逆に、相手が下請けや孫請けだからといってふだんから見下していれば、自分が困ったときに助けてもらえなくなります。

ビジネスは、対等の商取引なのです。

基本 8 こだわりと妥協の繰り返し

新人のころは、より完璧な仕事をしようと気負いがち。しかし、あまりこだわっていても、作業が停滞するだけで一向に進みません。「今回はここまでが限界」と、その場の妥協点を見極められるようになったら、成長した証です。

あいさつの基本
あいさつは誰(た)がために？

① **自分のため**：あいさつが相手に与える爽快感(そうかい)や信頼感は、働きやすい環境を生む源。人物評価も上がって一挙両得

② **会社のため**：さわやかな笑顔と快活なあいさつは、自分の評価を上げるだけでなく、会社のイメージアップにもつながる

● 円満でスムーズな人間関係を構築し、維持する

ビジネスは、人間どうしの信頼関係のうえに成り立っています。それを築くには、よりよいコミュニケーションを図ることが重要です。あいさつは、その第一歩になると心得ましょう。

きちんとしたあいさつは、相手に爽快感と信頼感を与え、仕事のしやすい環境をつくります。もちろん、ビジネスマナーの基本項目として、人物評価にも反映されます。つまり、自分にとっての利点が非常に大きいのです。

また、社外の人と接するときにはあなたが会社の代表。あなたのあいさつが会社の印象を決めると肝に銘じましょう。

● 笑顔を忘れず、表情で語る

あいさつができても、しかめっ面(つら)をしていたら、相手を不快にさせてしまいます。あいさつは、必ず笑顔を心がけましょう。眉(まゆ)を少し上げ、「イ」を発音するときのように口角を上げて笑顔をつくる練習をしておきましょう。

こんなときどうする？

❶ 電話中の人にあいさつする？
来客中やミーティング中、電話中の人がいる場合、あるいは忙しくて仕事に集中している場合などは、大きな声であいさつするとかえって迷惑になります。小声で発するか、軽く会釈(えしゃく)して仕事の進行を妨げないようにしましょう。

❷ 社内に知らない人がいたら？
知らない人でもあいさつするのが基本。出入り業者なら「ご苦労さまです」、他部署の人なら「お疲れさまです」、来客なら「いらっしゃいませ」という具合に、会釈をしながら声をかけましょう。

社内でのおもなあいさつ

出社したら
「おはようございます」

一日のスタート。元気よくあいさつを。「気合い入ってるな！」とみんなの気分もよくなる

外出するとき
「行ってまいります」

周囲の人へ「いなくなります」と知らせる意味もある。必ず大きな声で

会社へ戻ったら
「ただ今戻りました」

このときも元気にあいさつを。外出時同様「帰社しました」という周囲への告知の意味がある

用を頼むとき
「お手数ですがよろしくお願いします」

手がすいていそうなときを見計らって、ていねいに頼む。タイミングが大切

用を頼まれたら
「かしこまりました」

必ず相手の目を見る。パソコンをしながら、資料から目を離さず……などは厳禁

退社するとき
「お先に失礼します」

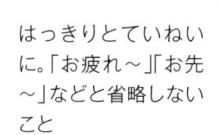

はっきりとていねいに。「お疲れ〜」「お先〜」などと省略しないこと

揺れるあいさつ言葉

「お疲れさま」や「ご苦労さま」は本来、目上の人には使えない言葉でした。しかし今では、「お疲れさまです」なら上司への使用も許可されているのが一般的です。ところが、関西では「ご苦労さまです」を上司に使うところも……最初に先輩方の所作を見て、倣うのが無難です。

第2章　研修いらずの社内業務＆マナー

立ち方・お辞儀の基本
基本動作 だからこそ確実に

① **美しさより実直さ**：立ち姿は自分自身と会社の姿勢を印象づける。モデルのように美しく立つより、安定感優先で実直さを前面に

② **状況で使い分ける**：お辞儀は、相手のほか「どんな気持ちを込めるか」でも変わる。考えて使い分けること

● 社会人のスキルとして覚える

多くの人が「立つ」「お辞儀をする」という姿勢や動作は教わらなくてもできるとお思いでしょう。しかし、それはあくまで我流。見栄えがよくない、きちんとできていないと考える人も少なくありません。正しい所作を覚えることは社会人としての最優先事項と心得てください。

会社の外に一歩でも出たとたん、あなたは会社の代表者。受付に立てば、会社の顔です。正しく立てれば、それだけで相手に信頼感を与えられます。

また、お辞儀は右ページの3つに大別できます。相手との関係や状況によって、使い分けられるよう身につけましょう。

● 正しく立つことの大切さ

「人の顔は人生をあらわす」といわれるように、姿勢の善し悪しは仕事に対する意識をあらわします。つまり、姿勢は自分や会社の実直さ・まじめさ・信頼性をあらわす指標でもあるのです。

モデルのように美しく見せる必要はありません。背すじを伸ばして胸を張り、ゆるぎない安定感を演出しましょう。

また、ショールームの営業担当者、機内を歩くキャビンアテンダント、ホテルのコンシェルジェ……。職種により多少は異なるものの、背すじをスッキリ伸ばすという点は同じです。自信のない人は彼らの立ち姿を観察し、よいところを取り入れましょう。ときおり、お手洗いの姿見や街角のショーウィンドウなどで、正しくできているかチェックする習慣をつけることが大切です。

なお、正しい立ち姿勢は、男女で少々異なります。右ページ上の図と自分の立ち姿を見比べながら、正していきましょう。

男女で違う立ち姿

両手
ズボンの縫い目に合わせてまっすぐ下へ

両足
かかとをそろえて、つま先は自然な外向きに

両手
ひじを軽く曲げて、前面で重ね合わせる

両足
ひざがしらを閉じるイメージで、かかととつま先をそろえる

立ち方の基本
- 頭から上へ糸で吊られるイメージで、背すじを伸ばす
- 下腹部周辺に重心を置くイメージをもつ
- 肩甲骨を後ろへ引いて、軽く胸を張る（力まない）
- あごを引いて、目線はまっすぐ（相手を見るなら口元を）

お辞儀の基本

会釈
人の近くを通るときや、同僚とすれ違うときなど。笑顔とともに軽く頭を下げる

敬礼
上司や来客、顧客訪問の際などに使う。30°ほど頭を垂れるのがていねいさの基準

最敬礼
謝罪や深い感謝を示すとき、役員や経営者相手のときなど。45°まで深く腰を折り、2秒程度静止。ゆっくり戻す

NG こんな礼はダメ

× **歩きながら** 上司や役員、来客などとすれ違ってお辞儀する際は、必ず立ち止まること。

× **ひたすらお辞儀** ペコペコと何度も頭を下げる姿は、子どもが「お願い、お願い」と駄々をこねる印象。誠実さはまったくない。ていねいに1回、深々とするほうが気持ちが伝わりやすい。

第2章 研修いらずの社内業務＆マナー

イスの座り方・入退室の基本
相手やまわりの人に配慮して

① **座り方で評価が下がる**：座り方は、仕事に向かう姿勢そのもの。外見から仕事ぶりの善し悪しを判断されてしまうので注意
② **入退室は相手への配慮**：入退室にマナーがあるのは、室内にいる相手への配慮のため。つねに「在室中」を想定して対処を

● 自分を意識し相手を意識する

座ってデスクに向かっている状態は、仕事に向かう姿勢そのもの。見た目にだらしないと、仕事もその程度だと思われてしまいます。そのうえ作業効率が低下するばかりか、自分の腰も痛めるという悪影響も……。きちんと座る習慣をつけましょう。

また、上司の部屋や会議室、応接室などに入る際は、マナーを守らないと「無礼なヤツだ」と即座にマイナス評価に。
たとえばノックは、室内の人へ態勢を整える準備をうながす行為。ドアの静かな開閉は、進行中の作業を妨げないための配慮です。

座り方の基本

音を立てないよう背もたれを引いて、静かに腰かけます。ドスンと音を立てるのは厳禁。腰の弱い人に多いので、注意してください。

■ 正しい座り方

上半身は、男女とも背すじを伸ばすのが基本です。
男性は、両手をひざの上に置いて軽く握り、ひざを自然に開きます。あまりガバッと広げないよう注意してください。
女性は、両手のひらを軽く開き、ひざの上で指を重ねます。そのうえでひざをきちんと閉じるのが、理想の形です。

NG 足を組むのは、相手を見下した印象に。また、浅く座って背もたれに寄りかかるのも、だらしないためNG

入退室の基本

入室

ドアをノック
手首の軽いスナップ程度の力で2〜3回ノック。反応があったら「失礼します」とドアを開けます。

入室してドアを閉める
入室したら一礼して、ドアに体を向け静かに閉めます。その際は来客にお尻を向けず、斜めの体勢にとどめましょう。

退室

商談中などの場合はドアの前で一礼し、室内側を向いて静かにドアを閉めます。相手が1人で電話中などでなければ「失礼しました」と一礼します。

NG
- ✕ 大きな音を立ててたたく
- ✕ ノックせずにいきなり開ける
- ✕ ドアを後ろ手で閉める
- ✕ 大きな音を立ててドアを開閉する

こんなときどうする？
ノックしても反応なし
もう一度ノックし、それでも反応がなければ、「失礼します」と声をかけて細めにドアを開け、室内を見回して確かめます。

NG ほかにもこんな動作が厳禁！

ペン回し
幼稚な行為、落ち着かない人とみなされ、相手を不快にさせます。集中していないと思われるので、絶対にやめましょう。

貧乏ゆすり
落ち着きのない人とみなされます。周囲の人の集中力も損なわれるので、無意識に出ないよう注意してください。

腕を組む
見た目が尊大で威張った印象に。また、相手の意見を受け入れたくない場合にとりがちなしぐさなので避けましょう。

あくび
脳に酸素を送り込むための生理現象ですが、周囲からは怠けている印象に映ります。顔を洗うか室外で軽い運動を。

第2章 研修いらずの社内業務&マナー

役職の呼称・よびかけ方
縦型組織の理由は効率とリスク回避にあり

① **命令系統の明確化**：作業を効率的に進め、利益を上げるには、命令系統の明確化・単純化が不可欠。役職は、そのために存在する

② **責任・権限の範囲**：役職によって大きく異なる。利潤追求を目的とする民間企業では、リスク回避を極限まで考え、区別されている

● 上司は役職名でよぶのが基本

　一般的に、会社組織は完全な縦型社会。これは命令系統の明確化や、責任・権限の範囲を区別するために必要不可欠だから。そこを逸脱することは、仕事の妨げになるばかりか、会社の利益を侵害することにもなりかねません。

　右ページに日本と外国の企業の代表的な役職を挙げているので、常識として覚えておきましょう。

　また、こうした役職は、社内での呼称でもあります。役職名を間違えるのは、名前を間違えるのと同じこと。相手を軽んじていることになるので、絶対に避けましょう。ただし、お客さまの前ではお客さまが最上位。上司を話題に出す場合は、役職ではなく名字のよび捨てでOKです。

上司のよび方

■「名前＋役職名」

　社員どうしでよぶ際の一般的な形。たとえば「山田課長」といったよび方です。この場合の役職名は敬称と同じ。「山田課長さん」では、敬称が重複するのでNG。「課長付」や「課長補佐」などの場合は、社内のルールにしたがいましょう。

■「さん」づけでよぶ

　最近は、上司に対しても「○○さん」とよぶように指導している会社も増えています。これは気兼ねなく自由に話せる環境をつくるとの考えにもとづいています。しかし、決して友人関係でないことだけは忘れないでください。

同僚や後輩のよび方

　男女とも「○○さん」とよぶのが無難。なかには愛称でよぶことを許している会社もあるでしょうが、社外でそのクセが出ないよう注意してください。

役職の序列と役割

　ここでは一般的な役職とその職域を挙げています。ただし、外国の企業の場合は、国や会社によって呼称が異なる場合もあります。

例 課長の場合：Manager、Section Chief、Assistant General Managerなど

国内一般企業

会長	取締役会の会長をさす。多くは前社長が就任する。名誉職の場合と実権をもつ場合とがある
社長（代表取締役）	会社組織のトップ。つねに代表権をもち、会長がいる場合はどちらかが会社の実権を握る
副社長	社長の直下の役職。社長不在時には総責任者として対応する。複数いる場合も
専務	役員職。会社経営に携わり、社長を補佐する。専門領域をもつことも。代表権の有無は会社による
常務	役員職。社長を補佐しつつ、日常業務の総合的管理を担う。代表権の有無は会社による
部長	特定部門を総括する管理責任者。日々の業務に関する権限が大きい。取締役に任せられる場合も
次長	部長を補佐する役職。部内の運営実務を日常業務とし、部長不在時はほぼ同等の権限をもつ
課長	部内に細分化された特定の課の長。日常業務の管理責任者。現場のリーダー的な位置づけ
係長	特定の業務に特化して処理・管理の責任をもつ役職

外国の企業

Chairman (Chairperson)	会長職。スポーツ関連でおなじみの役職だが、会社組織としては名誉職の場合もあれば、実質的な最高権力者である場合も
President	社長職。会社組織トップ
CEO (Chief Executive Officer)	最高経営責任者。経営を執行する最高責任者をさし、日本では代表権をもつ会長または社長にあたる
COO (Chief Operating Officer)	最高執行責任者。経営方針や戦略をもとに業務を執行する。日本では副社長にあたる
CFO (Chief Financial Officer)	最高財務責任者。財務の視点から企業戦略とオペレーションに携わる経済面でのトップ
CAO (Chief Administrative Officer)	最高管理責任者。経理・総務部門の最高責任者のこと。公認会計士やMBAの有資格者が務める場合が多い
CIO (Chief Information Officer)	最高情報責任者。会社内のさまざまな情報や情報技術に関する最高責任者。国内企業でも設置する企業が出てきた
General Manager	Managerクラスを束ねる統括的な管理職。ホテル業界では「総支配人」とされるが、業界・企業によって権限に大きな差がある
Manager	一般的には、Subsectionのリーダーを現場レベルで統括する管理職
Subsection Chief	現場の一部門を担当するリーダー。これ以下はStaffとなる

始業前の準備
本来の業務が すぐ始められるように

① **15分前出社が基本**：始業時間は、本来の業務がスタートする時間。そのためには15分ほど前に出社して、労働環境を整えること

② **始業前にもNGはある**：仕事が始まる前だから何をしてもよいわけではない。その日一日が働きやすくなるようルールを守ろう

● 仕事の能率を上げるための準備

　始業時間とは、会社が利益を出すために動き出す営業開始時間。つまり、その時間にはきちんと席に着き、準備万端整った状態でなければいけません。しかし、制服に着替える、デスクまわりを掃除し、整頓する、パソコンを立ち上げるといった作業は、利益を生み出す作業でも、それをフォローする事務でもありません。開店時間になっても掃除が終わっていないお店がないのと同じで、会社員もそれなりの下準備をしておくことが重要です。

　そのためには、おおむね15分前を目安に出社しましょう。もちろん、業界や業種、会社によっても異なりますが、始業時間には即、業務に移れるようにしておくことが、ビジネスパーソンの基本です。

● 始業前にはこれをやれ！

　あわただしい朝は、準備をひとつふたつ忘れがち。以下のチェック表を参考に、自分がやるべきことをデスク前に貼っておきましょう。その全部をクリアすれば、スッキリした気持ちで仕事を始められるはずです。

始業前の準備チェック

- ☐ 制服に着替える
- ☐ デスクの掃除・整頓
- ☐ パソコンを立ち上げる
- ☐ メールや業務連絡の確認
- ☐ 一日の作業内容・手順を確認
- ☐ 来客用のお湯などの準備
- ☐ 積極的なあいさつで働きやすい雰囲気に
- ☐ 窓を開けて新鮮な空気を入れる
- ☐ スケジュールボードなどをきれいにする
- ☐ 観葉植物などの世話をする

NG こんな行動はNG！

始業時間ギリギリセーフ
始業時間ギリギリの出社は、やる気のない社員の証(あかし)。電車を1本早めるだけでずいぶん違う

娯楽目的の読みもの
仕事に関係のない雑誌や新聞はNG。業務に関連するものであれば情報収集の一環としてOK

デスクでメイク
メイクは出勤前にするのが社会人のマナー。もちろん、誰に会うかわからない電車内などでもNG

携帯でメール
緊急時でない限り、私的な行動とされる。必要な場合は、準備終了後、始業までのあいだに室外で

デスクで朝食
デスクは食堂ではなく、朝は休憩時間でもない。食べものから出るにおいが、業務の妨げになる場合も

パソコンで遊ぶ
インターネットやゲームで遊ぶのは厳禁。そのパソコンにも電気代という経費がかかる、と認識すること

早出残業の是非

「早出残業」とは、始業時間よりかなり早く出社して勤務する時間外労働のこと。じつは非常に難しい問題です。納期や締切りなどの関係でやむなく早出をしても、所定労働時間内に帰ってしまえば逆に早退扱い、残業代はナシ……ということもあります。

　早出残業は、生活リズムが大きく乱れて肉体的負担が増すうえに、時間制限による精神的な負荷も相当なものです。会社によっては規制しているところもあるので、一度、上司や先輩に聞いてみるとよいでしょう。

第2章　研修いらずの社内業務＆マナー

終業前の心得
上司への報告と翌日の下準備を

① **業務報告**：上司は作業管理・進捗(しんちょく)管理が仕事。終業前には、きちんとその日の状況を報告し、退社準備に取りかかる

② **翌日の下準備**：退社する前に、翌日はどのように仕事を進めるかについて簡単なスケジュールを立て、段取りしておく

● これだけは忘れるな！

終業時間になり、やっと終わった！と後片づけをして帰るだけでは、まだ未熟。まずは、上司への報告が先決です。上司は、部内の作業状況・進捗状況を管理するのが仕事。それには日報や連絡会議だけでは正確に把握できない部分もあるのです。「この仕事は今、ここまで進んでいます」ときちんと報告し、停滞や遅延がないよう心がけましょう。

また、翌日の下準備も不可欠です。スケジュール帳などを見ながら、翌日やるべきことを洗い出し、その準備をします。アポがあれば必要書類の確認や先方までの経路の下調べ。デスクワークなら「これとこれをやろう」と段取りを組み立て、優先順位をつけていきましょう。簡単にスケジュールを立てておけば、翌朝からスタートダッシュできるはずです。

終業前にやっておくこと

■ 業務の最終確認と報告
業務日誌などがあればそれに記入し、上司に業務内容や進行状況を報告。問題点や検討事項などがある場合は、相談して指示を仰ぎましょう。

■ 社外向けの連絡
社外の人への連絡は、就業時間内が原則。アポの確認や進捗の連絡、製品発送の手配や備品の発注などを忘れていないか確認し、確実に時間内に終わらせましょう。

■ 翌日の準備
①やることを洗い出して優先順位をつけ、書類を整理。②どこから始めるかを明確にする。③アポ先までの経路確認や書類準備。この3点を心がけましょう。

■ 重要書類の保管確認
紙文書なら、きちんとカギのかかる引き出しに収納したか。データならバックアップをとり、DVDやUSBメモリなどが収納されているかを必ず確認しましょう。

先に帰るとき 残業するとき

仕事が終わった

報告
当日の業務の進捗や問題点、翌日の進め方などを上司に報告

↓

声かけ
「何かお手伝いすることはありますか」と声をかける

↓（仕事がない場合） ↓（仕事がある場合）

作業フォロー
指示にしたがい仕事を継続する

仕事が終わらなかった

報告
残業をしたい旨を上司に報告し残業の許可をもらう

↓

作業継続
許可が出たら仕事を継続する

↓

報告
仕事が終了したら上司に報告。退社の準備を始める

↓

退社準備
デスクまわりの清掃やゴミ捨て、書類の保管などの退社準備をおこなう

↓

退社
「お先に失礼いたします」などとあいさつをして退社

第2章 研修いらずの社内業務&マナー

こんなときどうする？

❶ 予定があって残業できない

極力そうした状況を避けるのが第一。やむを得ない場合のみ、予定がわかった時点で上司へ報告し、仕事の配分を調整してもらいましょう。当日なら、「申し訳ないのですが、明日早めの出社で対応すれば間に合いますか」など、代案を出して相談します。なお、急な仕事を頼まれ、引き受けられない場合も同様です。

❷ 仕事を持ち帰りたい

持ち帰りはデータ流出のリスクが大きいだけでなく、社員の身体的負担が大きくなるので、禁止している会社もあります。その点をあらかじめ確認しておき、時間内の作業で終わるようスケジュールを調整しておくことが大切です。

雑務あれこれ
雑務は会社運営を支える大切な仕事

① **「雑」務にするな**：お手伝い的な裏方仕事でも、決して雑にこなさないこと。コピーミスひとつで商談が水泡に帰すこともある

② **使う相手の身になれ**：お茶、文房具、コピー、……どの業務も相手の身になって考えれば、改善できる点はいっぱいある

● 人間性と仕事への姿勢が試される

来客へのお茶出し、おつかい、コピーをとる、……このような仕事を「雑用だから」と軽んじるのは大間違い。お茶を出すときに粗相があれば悪印象をもたれ、取引先へ出す書類をコピーミスすれば商談が壊れることにもなりかねません。「会社の業務である以上、大事な役割がある」と心得て、慎重に取り組みましょう。

ここでは、代表的な雑務として、おつかい、備品の管理・注文、コピーについて解説しています。お茶の淹れ方・出し方については122ページをご覧ください。

雑務1　おつかい

来客用のお茶を買う、銀行へ手続きに、書類を取引先へ、……といったおつかいも雑務のひとつ。内勤の人には、よい気分転換ですが、許可なく喫茶店で休憩したり、私物の買いものをしたりするのはNG。おつかいのあいだは、作業が中断している時間。早めに戻りましょう。

雑務2　備品の管理・注文

文房具や消耗品などの備品は、定期的に在庫を確認し、残り少なくなったら発注します。その際、使い心地や不満点などを社内リサーチし、経費内で使いやすいものへ替える工夫も必要です。

また、コピー機のトナーなどの在庫切れは厳禁。早めに発注しましょう。

雑務のおもしろみ

おつかいでは、銀行の待ち時間に週刊誌が読め、取引先の人との出会いもあります。備品の管理・発注ならコスト削減でほめられ、ときには便利グッズを発見できるかも。考え方ひとつで充実度が違ってくるものなのです。

雑務3　喜ばれるコピーのとり方

ただコピーすればいいわけではありません。使いやすいよう、見やすいよう配慮してこそ相手も仕事がしやすく、高い評価を得られます。ポイントごとに確認してみましょう。

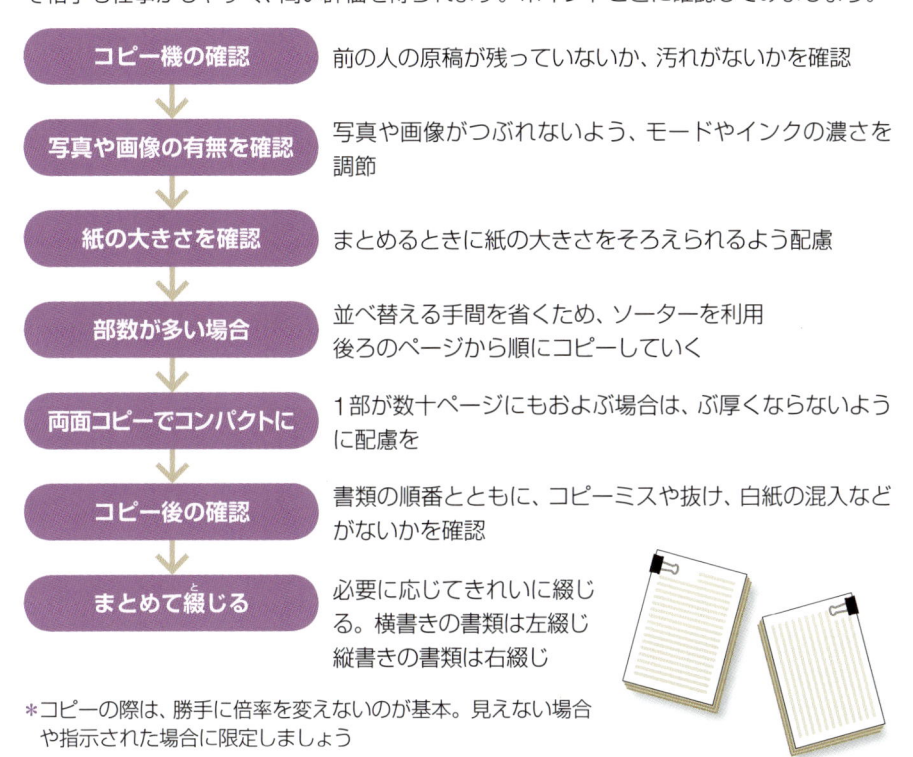

コピー機の確認	前の人の原稿が残っていないか、汚れがないかを確認
写真や画像の有無を確認	写真や画像がつぶれないよう、モードやインクの濃さを調節
紙の大きさを確認	まとめるときに紙の大きさをそろえられるよう配慮
部数が多い場合	並べ替える手間を省くため、ソーターを利用 後ろのページから順にコピーしていく
両面コピーでコンパクトに	1部が数十ページにもおよぶ場合は、ぶ厚くならないように配慮を
コピー後の確認	書類の順番とともに、コピーミスや抜け、白紙の混入などがないかを確認
まとめて綴じる	必要に応じてきれいに綴じる。横書きの書類は左綴じ　縦書きの書類は右綴じ

＊コピーの際は、勝手に倍率を変えないのが基本。見えない場合や指示された場合に限定しましょう

こんなときどうする？　違うサイズの紙が交ざっていたら

● **A4にB5が交ざっていた**

紙のサイズを大きいほうにそろえましょう。ただし、原寸大で書かれた資料など、倍率を変えてはいけないものもあるので、倍率は変えずに紙のサイズだけそろえます。

● **A4にA3が交ざっていた**

A3は原寸のままコピーして、まとめる際に折りたたみます。たたみ方は、半分に折るだけでは×。内側へ半分に折ったのち、上側の1枚をさらに半分に折ると「Z」を反転させた形になります。これでA4サイズにそろい、片手で広げ、原寸で見ることができます。

指示を受けるときの基本

疑問を解消し
内容と意図を正確に把握

① **正確に把握する**：内容と相手の意図を正確に把握すること。あとで「そうじゃない！」と言われても間に合わない

② **気持ちよく受ける**：仕事を受ける際は気持ちよく、仕事量や期限などの不安があるなら、きちんと相談しておくこと

● 侮らず一つひとつを押さえること

新人時代は、上司や先輩からの指示や依頼から仕事が始まるケースがほとんど。指示された仕事を的確にこなすには、「簡単な仕事」「雑務だ」などと侮らないことが大切です。

そのためには、まずきちんと仕事内容と意図を把握すること。たとえば、会議用の資料作成でも、何が言いたいのか、どこが要点なのか、疑問点や矛盾点はないか、といった点を、つねに考えながらこなすことです。また、どうすればわかりやすいか、見やすくなるかを考えながら作成することも大切です。

以下に、指示を受けるときのポイントをまとめました。確実に押さえたうえで取りかかるのが評価を上げるポイントであり、自分を成長させることへとつながります。

指示の受け方

指示を受ける	メモをとりながら聞き、話を途中でさえぎらないこと
疑問を立てる	必ず「どこが要点か」「疑問点はないか」などと問い質しながら聞くこと
疑問を解消する	少しでも不明点があったら、話がひと区切りしたところで質問。もし作業中に疑問が生じた場合は、そのつど聞いたほうがよいか、まとめて聞いたほうがよいかを尋ねておくとよい。疑問解消後は、復唱して内容を再確認すること
期限を見積もる	期限を指示されるが、されない場合は自分の抱えている仕事と照らし合わせ「○時までにあげればよろしいですか」と尋ねてみること。それで間に合わないようなら、自分の仕事量やその期限を説明し、優先順位の指示を仰ぐ

こんな状態は困る！ ケース別 対応策

ケース1 指示や内容に矛盾がある

矛盾や誤りを指摘されることは、相手にとって気持ちのよいことではありません。部下や後輩からの指摘ならなおさらです。「ここがおかしい」とはっきり言うのではなく、==「少々確認させていただいてもよろしいでしょうか」と質問の形にして、相手が矛盾や誤りに気づくよう仕向けましょう。==

ケース2 複数の人から矛盾する指示を受けた

自分で勝手に判断せずに、直属の上司や先輩に確認をとりましょう。そのとき、==誰からどのような指示を受けたのかを明確に説明==します。矛盾する指示をした相手には、上司から説明してもらいます。作業や期限が重なった場合も、どの仕事を優先すればいいか必ず上司に聞きましょう。

ケース3 指示の内容が途中で変わった

作業中に状況が変わることは、しばしばあります。そのときは、「前回は○○というご指示だったと思いますが、私の勘違いでしょうか」などと確認してから作業しましょう。==相手が勘違いしている場合もあるので、前回の指示をさりげなく伝えて思い出してもらう==ことが大切です。

ケース4 思いのほか難航

ときに自分の能力を超えた仕事も出てきます。しかし、ある程度経験を積まないと自分自身がそれに気づきません。そんな場合は==「難しい」「終わりそうにない」と感じた時点で上司や先輩に相談する==こと。ヒントやアドバイス、負担を減らす指示を出してくれることもあります。

こんなとき どうする？ キャパシティオーバー

上記のケース4同様、自分のキャパシティを把握するには、それなりの経験が必要です。しかし、仕事は容赦なくやってきます。そんなときは、決して安請け合いしないこと。ひとつの作業が遅延すれば、ほかの作業も遅れていきます。それは会社にとっても損害です。96ページを参考に代案を出しながら、指示を受ける時点で期限の延長やほかの人への割り振りを提案してみましょう。

ふだんから相談しやすい環境に

ビジネスの世界では、しばしば仕事が終わらない・難しくて困っている・どうすればいいのかわからない事態におちいります。そんな場合でも気軽に相談できる相手をつくっておくことが、作業効率を上げ、仕事を覚える最重要ファクターです。隣や向かいの席の人など、ごく近くにいる人や同じチーム内の先輩などとはふだんから会話を重ね、相談しやすい環境づくりを心がけておきましょう。

ホウレンソウ（報・連・相）
報告・連絡・相談
それが仕事の基盤

① **チームワークだから**：自分は実務、Aさんはアシスト、上司は決裁……ビジネスはチームワーク。円滑に進めるために不可欠なもの
② **経験が浅いから**：入社3年までは新人も同然。経験不足から判断に迷うことも多い。そこで失敗しないためにもホウレンソウを確実に

● 必ず実行できるように

「ホウレンソウ」とは、「報告」「連絡」「相談」のこと。仕事を進めるうえでこの3つを欠かすと、必ず大きなトラブルにつながります。ビジネスの基本として、コツをしっかり頭にたたき込み、確実に実行しましょう。

報告は事実を述べる

商談結果や作業の進捗などを伝えるのが「報告」です。上司や先輩は、この報告を聞くことで状況を把握し、必要ならばアドバイスをします。

報告のコツ

コツ1　早めに報告
帰社後、あるいは状況が発展したらすみやかに報告。上司の作業を妨げないよう「今よろしいですか」と尋ねてから報告しましょう。

コツ2　結論優先で事実を
ビジネス会話の基本となる結論から述べること。そのうえで、そこに至った経緯について事実だけを話しましょう。

コツ3　必要なら資料を添えて
複雑な内容や細かい数字が大切な場合は、できるだけ資料を添える。ただし、資料を作成することで遅くなるようなら、口頭で説明しながらメモやホワイトボードに板書して報告します。

コツ4　自分の意見は最後に
事実を報告し終えたら、初めて自分の意見を述べます。私見を途中で挟むと、相手は情報の解釈をゆがめがちになるからです。

連絡はこまめに

作業上の変更点や今後の予定、注意事項などを伝えるのが「連絡」。これによってリスケジューリングや優先順位の見直し、関係各所へ伝達すべきか否かが判断されます。

連絡のコツ

コツ1 細かいことも連絡を
「連絡するほどのことでもない」と勝手に判断するのは危険。とくに新人のうちは経験不足のため、それがどう発展していくのか予想できません。細かいことでも確実に上司へ伝えましょう。

コツ2 電話で連絡するなら
上司がその場にいないなら、電話でもOK。ただし、重要な内容に電話は適しません。やむを得ない場合は、携帯電話ではなく有線電話で。そうでない場合は要点だけ伝え、帰社後に再度報告を。

コツ3 メールやFAXも活用しよう
メールやFAXは、文字情報が残るので連絡手段としては優秀。ただし、どちらも他人に見られる危険性があるため、機密性の高い内容はNG。また、すぐに見てもらえるとも限らないので、慎重に選びましょう。

コツ4 メモをとるクセをつけよう
①伝えた内容を文字情報で残す、②内容に私見がまぎれ込むのを防ぐ、③情報の伝達漏れや連絡ミスを防ぐ、という3つの観点から、メモは必須です。

相談は迅速に

トラブルや難題にぶつかったときにおこなうのが「相談」です。あらかじめ「どうしたらいいでしょうか」とアドバイスを求める形で話すことが、一大事を防ぐポイント。

相談のコツ

コツ1 すみやかに相談する
ミスやトラブルが生じたら、間をおかず、すぐに相談します。「叱られる！」と躊躇していては、事態が悪化することになります。

コツ2 相手の都合を考えて
めんどうな内容なら、それなりの時間が必要。あくまでも「早急」が原則ですが、急ぎでなければ、上司の都合に合わせて相談しましょう。

コツ3 自分なりの対策も用意
「困った」と訴えるだけでは無責任。自分なりの対策を用意し、「こうするのはどうですか」と話すことが大切。上司はそれも含めて検討し、善後策を練るのです。

コツ4 「なんでもかんでも」はNG
あまりに些末なことや私事まで相談するのはダメ。業務関連で自分では判断できないものに限りましょう。

仕事を依頼するときの基本

わかりやすさと気づかいのひと言を

① **わかりやすさ第一**：5W3Hを押さえて、短文で具体的に説明すること。必ず質問を受け、相手の理解度を確認する

② **相手の負担を軽くする**：「いつでも聞いてください」「こうすればいいよ」など、相手の負担を軽くするひと言を

● わかりやすく伝え、気持ちよくこなしてもらう

ある程度仕事に慣れてきたら、自分が指示を出す立場になります。同僚や後輩はもちろん、社外スタッフに業務を発注することもあります。

どちらの場合も「自分が指示を受ける側だったら」という視点を忘れず、相手が気持ちよく動けるよう心がけましょう。

仕事をお願いするときの最重要ポイントは、わかりやすく的確な指示を出すこと。そのためには、「何を」「どのように」「いつまでに」といった5W3Hを明確にする必要があります。

また、できるだけ具体的に話し、完了した状態を相手に伝えるよう努めてください。

こうしたスタンスは、社内・社外を問わず、誰に依頼する場合でも同じ。よく知った人だからと手を抜くと、できあがりがまったく違うものになってしまった、なんてことになりかねません。

●「5W3H」を意識して

「5W3H」は、ビジネス会話の基本中の基本で、これをわかりやすく伝えられるかどうかが相手の理解度に大きく影響します。とくに「When（納期）」や「How much（予算）」は、その後の取引に影響する部分なので、くれぐれも間違えないように。

慣れないうちは手帳やノートに書き出すなど下準備をしてから臨みましょう。

5W3H

When	いつ（納期・期限）
Where	どこで
Who	誰が
Why	なぜ
What	何を
How	どのように（手法）
How much	いくら（予算）
How many	いくつ（分量）

わかりやすい依頼のしかた

社内編

社内の人へ依頼する場合も気を抜かないこと。とくに後輩は知識も経験も浅いので、より懇切ていねいに要点を説明する必要があります。

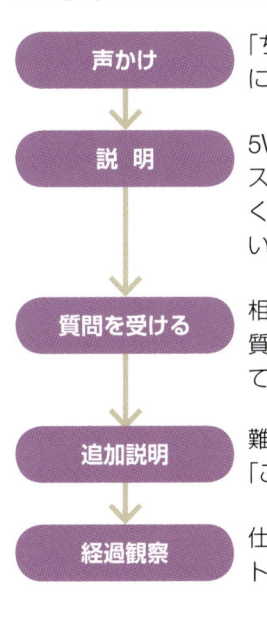

声かけ
「ちょっとよろしいですか」と声をかけ、大丈夫ならそのまま説明に移る。ダメなら「手が空いたら教えてください」といったん引く

説明
5W3Hを押さえて話す。よけいな修飾語は入れず、短いセンテンスで話す。後輩へは専門用語や高度な要求を控え、なるべくかみくだいてあげること。また、参考資料などがある場合は、その使い方や重要箇所などについても説明する

質問を受ける
相手の理解度を確認するためにも、質問を受けること。その場で質問がなくても作業途中で生じる場合があるので、「いつでも聞いてください」といった言葉で、心理的負担を軽くしてあげるとよい

追加説明
難しそう、大変そうなどの理由で相手がとまどっている場合は、「こうするといいよ」と、具体的な方法を教える心配りを

経過観察
仕事が完了するまでのあいだに、何度か経過を確認するのがベスト。その際、思い違いをしていたら、やさしく修正指示を出そう

外注編

外注の業者はその道のプロですが、5W3Hだけは省略してはなりません。説明のレベルや要求されるものの具体性など、高レベルの説明が要求されるので、下準備は必須です。

また、社内ほどひんぱんなやりとりがないため、疑問が生じたらすぐに連絡をとれるようにしておくことが大切です。そして、定期的に経過を確認することも忘れないでください。依頼手順としては社内編と同様です。

マメ知識

納期には余裕をもって
納期を伝える際、本当にギリギリのタイミングを伝えたのでは、ミスがあった場合に対処できなくなります。作業に応じた数時間～数日のゆとりある納期を設け、伝えておきましょう。

短期スケジュールの基本
業務を「見える化」&段取り能力

① **見える化と振り分け**：自分の仕事を紙に書き出して「見える化」。それを優先順に並べていくのが短期スケジュールの基本

② **段取りよく進める**：所定の時間より早めにリミットを設ける。疑問点の解消や経過報告などで、上司や先輩とのやり取りを密にする

● 全仕事を「見える化」する

短期（当日から1週間の）スケジュールを立てる場合、まずは仕事をすべて書き出し、「見える化」することが大切です。そこから全体を見渡し、優先順位をつけていきます。これをしないと、あとで「できない」と不安になったり、「3日で大丈夫」と甘い読みをして、けっきょく間に合わなくなったりすることに。

また、途中で急に仕事を頼まれることもあります。そのときには、その仕事はどのくらいかかるのか、どの仕事なら予定をずらせるか、といった観点で再考します。

もちろん、こうしたスケジューリングは、新人がすぐできるものではありません。自分の処理能力やスピード、期限、キャパシティと照らし合わせ、「ここが限界」と判断したら、上司や先輩に相談しましょう。

優先順位の基準

仕事の優先順位を決める際に基準とするのが右の3点。最優先は「期限が迫っているもの」でそれが複数ある場合は作業の難易度で決めます。

簡単にこなせるものから先に片づけ、残りの時間を難しいほうに割り当てるか、その逆にするかは自分しだいです。

いずれにせよ期限間際で「助けて」と叫んでも、フォローは不可能。「まずくなりそうだな」と思った時点で早めに相談することが大切です。

優先順位の判断基準

最優先	期限が迫っているもの
基準1	**難易度** ● 終了するまでにどのくらいの時間が必要か？
基準2	**重要性** ● ほかの仕事や外部への影響はどの程度か？ ● 自分への影響は？

簡単！ 短期スケジュールのつくり方

一日の予定を立てる

　理想は、その日にこなす仕事をリストアップした「TO DOリスト」を作成すること。しかし、その時間さえ惜しいときは、大きめサイズの付箋がおすすめ。付箋1枚が1案件。「○○社・工事見積作成・15：00〆」といった具合に記入します。もちろん、走り書きでOK。

　それを時間順に上から下へと並べて、パソコンモニターやデスク上に貼っていきます。終了したらはがしてゴミ箱へ。急な仕事が入ったら、付箋に書いて所定の時間のあたりにペタリ。周囲の人への、自分の仕事量のアピールにもなります。

効率よく進めるコツ

- 定刻30分前をリミットとする
- 疑問が生じたらすみやかに尋ねる
  → 複数個まとまってから聞くと効率アップ
- 中間報告をする
  → 終了・提出してから「やり方が違う」と言われると大変なことに
- 時間が重なったら相談
  → 期限が厳しく、両方を処理しきれない場合はすぐに上司に相談。一方の納期をずらしてもらうか、ほかの人にお願いするかなどの判断をしてもらうこと

一週間の予定を立てる

　一週間の場合、長期スケジュールも影響してきます。その日が1日で2週間後が納期なら、15日から逆算することになります（58〜59ページ参照）。そのうえで、その週にかかるものを「見える化」します。そこに、アポや会議の予定、日々の業務（定型業務という）……という具合に加えていきましょう。

　いずれにせよ、一週間のスケジュールを立てるには、翌週の動きも視野に入れることを覚えておいてください。なお、見える化は、ノートの手書きでも、パソコンで保存してもよいでしょう。

効率よく進めるコツ

- アポは週半ばに取りつける
  → 週明けや週末はどの会社も会議が多いので、週の半ばなら連絡がつきやすい
- 集中力を活かせる順序で
  → ルーチンワークは集中力が衰えがちで、ミスにつながりやすい。パソコン作業の合間に分野の違う書類整理などの作業を挟むとよい
- 時間を記録
  → 最初のうちは、その作業の所要時間がわからない。正確なスケジューリングができるようになるには、つど作業時間を記録することが大切

第2章　研修いらずの社内業務＆マナー

長期スケジュールの基本

線の思考と短期目標がカギ

① **線で考える**：期限厳守がビジネスの基本。それを実現するためにいつまでに何をするかを逆算して作業を割り振っていく

② **トラブルを想定**：長期の場合は、想定外のできごとや作業の遅れを考慮して、余裕のあるスケジュールを組むことが大切

●「線」で考える

長期スケジュールの場合は「点」ではなく、「線」で考える習慣をつけることが大切です。つまり、「この月にはこれとこれ」ではなく「この案件は、○月に基礎工事、翌月に鉄骨の組み上げ、……」という具合です。そして、その線がどこで重複するか、それはどの程度なのかを理解することが、全体の流れを把握することにつながります。

最大のポイントは、逆算していくこと。期限が確定しているものや大まかに想定できるものを中心に、期限に間に合わせるにはいつまでに完成させるべきか、そのためにはいつまでに材料をそろえればよいか、それにはいつ手配すればよいか、と日程を逆にたどっていきます。

この手はずが期限を守ることにつながり、効率を上げる原動力となります。

● 短期目標を設定する

長期スケジュールを守るには、必ず短期目標を設定します。前述の例でいえば、今月の目標は基礎工事の完了、翌月は建物の骨組み工事を終える……となります。

ただし、これらには不意のトラブルや急に依頼される仕事は含まれていません。こうした緊急事案が生じることも予測して、できるだけ前倒しで進めることが大切です。

さらに、多少のゆとりをもって日数計算をしておくよう習慣づけておきます。

これができれば、スケジュールはスムーズに動いていくはずです。

前倒しで片づける

期限が先だからと気をゆるめず、できるだけ前倒しで作業すること。そうすることで不意のトラブルを許容できるだけの時間的ゆとりが生まれます。

スケジュールに遅れがないこと、きちんとした仕事をすることが、顧客満足を実現させることにつながるのです。

長期スケジュールの立て方

1案件ずつ最終期限から現在までを通して考えていくのがポイント。そこに至るまでの各工程終了予定日が短期目標設定日です。表計算ソフトやスケジュール管理ソフトで専用ファイルをつくるか、手帳やカレンダーなどに線を引きながら予定を立てましょう。

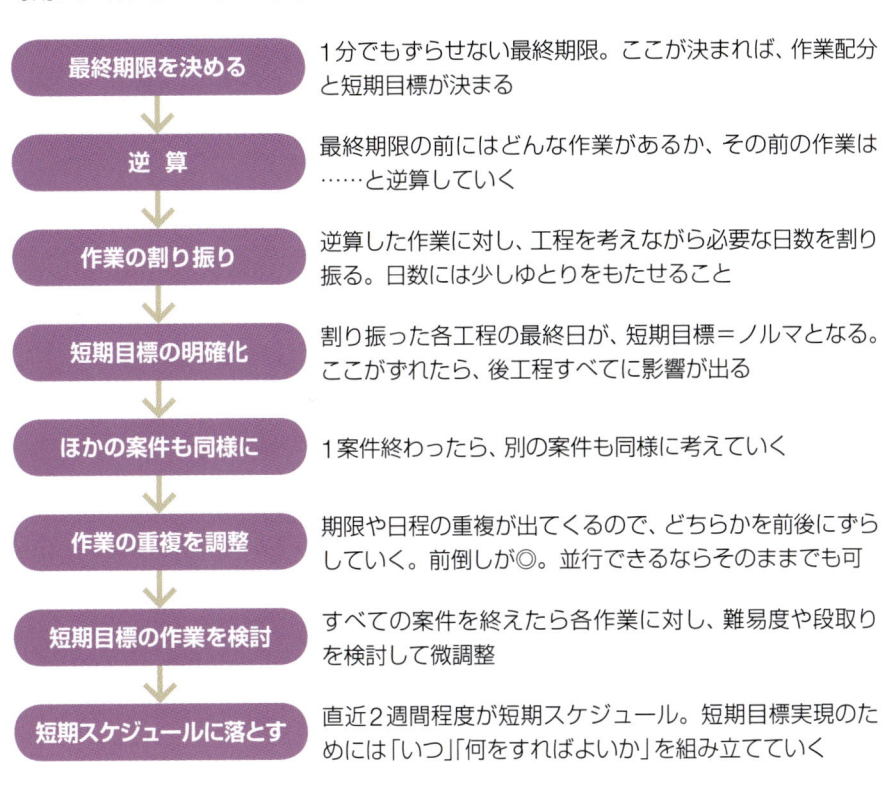

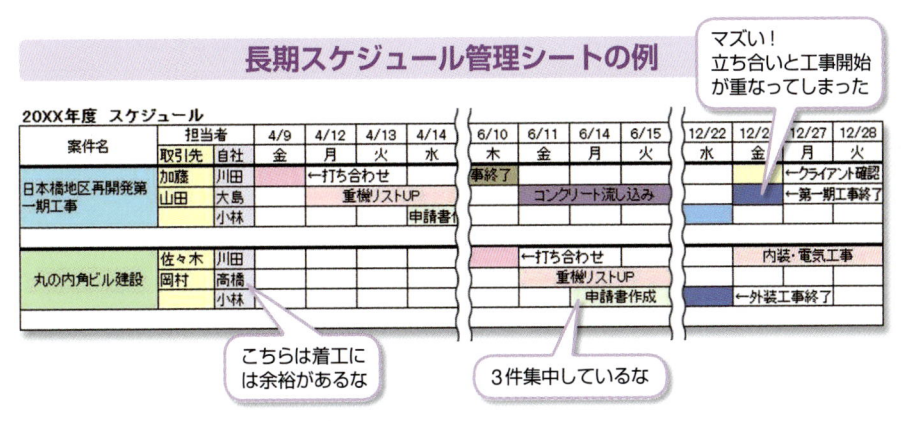

最終期限を決める
1分でもずらせない最終期限。ここが決まれば、作業配分と短期目標が決まる

逆算
最終期限の前にはどんな作業があるか、その前の作業は……と逆算していく

作業の割り振り
逆算した作業に対し、工程を考えながら必要な日数を割り振る。日数には少しゆとりをもたせること

短期目標の明確化
割り振った各工程の最終日が、短期目標＝ノルマとなる。ここがずれたら、後工程すべてに影響が出る

ほかの案件も同様に
1案件終わったら、別の案件も同様に考えていく

作業の重複を調整
期限や日程の重複が出てくるので、どちらかを前後にずらしていく。前倒しが◎。並行できるならそのままでも可

短期目標の作業を検討
すべての案件を終えたら各作業に対し、難易度や段取りを検討して微調整

短期スケジュールに落とす
直近2週間程度が短期スケジュール。短期目標実現のためには「いつ」「何をすればよいか」を組み立てていく

長期スケジュール管理シートの例

20XX年度 スケジュール

案件名	担当者		4/9 金	4/12 火	4/13 水	4/14 木	…	6/10 木	6/11 金	6/14 月	6/15 火	…	12/22 水	12/2? 金	12/27 月	12/28 火
		取引先	自社														
日本橋地区再開発第一期工事	加藤	川田	←打ち合わせ					事終了							←クライアント確認	
	山田	大島		重機リストUP					コンクリート流し込み						←第一期工事終了
		小林				申請書作										
丸の内角ビル建設	佐々木	川田							←打ち合わせ					内装・電気工事		
	岡村	高橋							重機リストUP							
		小林									申請書作成			←外装工事終了		

こちらは着工には余裕があるな

3件集中しているな

マズい！立ち合いと工事開始が重なってしまった

手帳の活用術

古きよき
ビジネス万能ツール

① **時間と場所の制限なし**：手帳は超アナログ。機内や車内でも、商談中でも使い放題。思い立った瞬間に使える

② **カスタマイズできる**：アイデアしだいでどんどん拡張できる。仕事と自分の好みに合った形式を選び、使い込もう

● もっともポピュラーな万能ツール

ビジネスでは、「就業時間」という限られた時間内で、求められる結果を出さなくてはなりません。とくに近年は、残業や早朝出勤を見直す企業が増えたため、以前にも増してその重要度が高まっています。

そんな限られた時間を最大限有効利用するためにおすすめなのが、手帳によるスケジュール管理です。今でこそ携帯電話やパソコンでスケジュール管理をする人が増えていますが、手帳ほど使い勝手のよいものはありません。

商談の際、パソコンを開いて話を聞きますか？　携帯電話に入力しながらなんて、とんでもないマナー違反です。

簡単に持ち運べ、その場でサッと記入できる。電源管理の必要もなく、商談でも使えます。必要なら、連絡先をメモして相手に渡すことも。ビジネスパーソンには必携のアイテムなのです。

手帳って、どう使ってる？

使っているスケジュール管理ツール

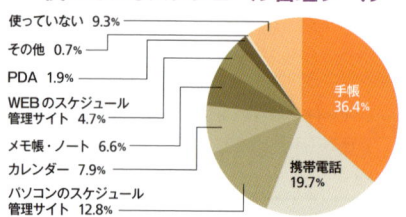

- 使っていない　9.3%
- その他　0.7%
- PDA　1.9%
- WEBのスケジュール管理サイト　4.7%
- メモ帳・ノート　6.6%
- カレンダー　7.9%
- パソコンのスケジュール管理サイト　12.8%
- 携帯電話　19.7%
- 手帳　36.4%

※「手帳に関する意識と実態調査」（2009年高橋書店調べ）

デジタル系は入力やアクセスの手間がかかる。実際は手帳やメモに控え、あとからまとめて入力管理している可能性が高い

手帳に書き込むこと（複数回答可）

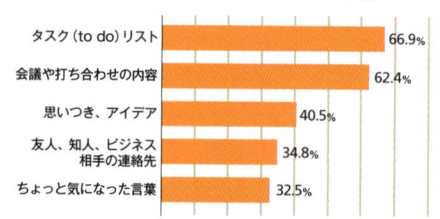

- タスク（to do）リスト　66.9%
- 会議や打ち合わせの内容　62.4%
- 思いつき、アイデア　40.5%
- 友人、知人、ビジネス相手の連絡先　34.8%
- ちょっと気になった言葉　32.5%

※「手帳に関する意識と実態調査」（2009年高橋書店調べ）

仕事づかいが多い。話を聞いた際、思いついたときに使っており、「場所と時間を選ばない」という利便性が実証された

手帳はアイデアしだい

手帳は、自分のアイデアひとつでどんどん使いやすくなります。たとえば、右のような使い方はいかがでしょう？ これに限らず、工夫しだいで機能がどんどん拡張し、自分オリジナルの手帳になってくれるはずです。

また、手帳の形式別に特徴を示した下表で、仕事内容と自分の好みとを照らし合わせ、最適の一冊を選びましょう。

ちょっとしたアイデア

色分けをする	A社は青字、B社は赤字、自分は黒字で記入すると、ひと目でわかる
線を引く	数日かかる予定には、日付の欄に線を引いて期間を把握しやすくする
見出しをつける	納品日や締切り日のページに見出しをつければド忘れ防止に
付箋を使う	付箋の色を利用し、案件別、会社別にすれば、すぐに予定がわかる

おもな手帳のスタイル

形 式	特 徴
レフト式	スケジュール＆メモの定番スタイル。ひとつの見開きの中に2つの機能が入っており、使い勝手がよい
セパレート式	毎日の出来事をしっかり書き込める。一日ごとの記入欄が広く、細かな予定まで記入できるのが特徴
バーティカル式	タイムマネジメントの代名詞。時間軸が縦に配置されており、複数の予定の流れを把握しやすい
見開き2週間	一覧性と記入量が両立。長期スケジュールをある程度見渡しつつ、しっかりと記入できるゆとりもある
1頁2日 ワイド記入式	日誌・日記向き。手帳の中でもっとも記入欄が大きなタイプ。時間管理よりも内容管理に適する
カレンダー式	ポータブルユース向き。カレンダー＆メモページだけのタイプはスリムで持ち運びやすい

第2章 研修いらずの社内業務＆マナー

手帳にはコレを挟め！

- 付箋　記入欄の拡張ツールやメモとして
- 予備の名刺　名刺切れを緊急回避するために
- 紙幣　社会人の埋蔵金。いざというときの1枚を
- 鉛筆　ボールペンでは書けなくなるおそれが
- 非常時連絡先のメモ
　　　紛失・発見時の連絡先

コレを忘れないで！

手帳に記入する際、忘れがちなのが日時の記入です。日々の業務のなかで、情報はどんどん更新されていきます。それを記録する際、日時の記入を忘れると、どれが最新で正確な情報なのか、判別できなくなります。

商談や進捗管理などでは致命的なミスにつながるので、つねに「いつの記載かの明記」を忘れないでください。

デスクの整理術

個人スペースではなく仕事の場と心得て

① **仕事の場だから**：デスクの上は重要書類を作成し、電話で顧客と話をする場。すばやく効率的に処理できるよう整理しておくべき

② **管理能力が問われる**：書類や資料を出しっぱなしにする、さんざん捜さないとわからない。これでは管理能力不足と評価されてしまう

● 機能的な環境で効率アップ

あなたのデスク、書類が山積みになったり、資料が引き出しの奥でくしゃくしゃになったりしていませんか？

デスクは本来、仕事を快適に、効率的にこなすためのもの。書類の山から1枚抜き出すたびになだれが起き、自分の机にも隣の机にも影響をおよぼすようでは迷惑千万。仕事の処理能力さえ疑われます。

自分のためにも周囲の人のためにも、つねにきれいに整えておきましょう。

デスク整理　この引き出しはこう使え！

幅広の引き出し
- 大判の書類を入れる

大きな引き出し
- クリアフォルダやバインダー類を使い、背表紙を上にして収納。背表紙には案件名や顧客名などを書いておく
- 手前は進行中の案件や使用頻度が高いもの、奥は保存用に
- 保存期間がすぎたものは、処分するか資料室などへ

卓上
- 電話、メモ、ペン立てだけでOK
- メモは手のひらサイズが便利。すぐ使える場所に置く

中央の引き出し
- 進行中の案件の書類を入れる
- 社内書類用としてもよい

カギのかかる引き出し
- 機密文書や貴重品を入れる。ただし、比較的容量がないので取捨選択は必須
- 文房具や名刺ホルダーを入れる人も

これだけやれば整理はOK

これを習慣に

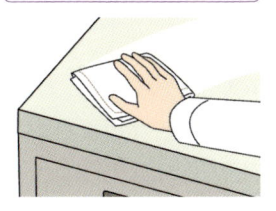

拭き掃除
毎朝、必ずデスクの上を拭き掃除。雑巾がけが手間ならウェットティッシュを常備

ゴミはこまめに捨てる
分別が必要なので、何でも放り込まない。生ゴミ、空き缶などはすぐに専用のゴミ箱へ

出したらしまう
書類も備品も使い終えたら必ずしまう。「デスク上になければ所定の位置しかない」とすぐに判断できる

ここを注意！

✕ 書類を積まない
今使っている書類以外は積まないこと。交通費の精算など、すぐに済む伝票などは「今」こなしてしまおう

✕ 私物を置かない
個人の携帯電話、写真スタンド、キャラクターグッズなどの私物を置くのは厳禁

✕ 足元にも置かない
足元は不潔なだけでなく、配線が多い場合もあるので、出火のリスクがある

マイデスクがない会社もある

　マイデスクがない会社。そのめざすところは、作業と経営の高効率化です。社員は共有スペースでデスクワークをするため、短時間で書類を書き上げる、置き場のない大量の資料から必要な要素を的確かつ効率的に抽出し、まとめる力がつく、打ち合わせ時間が短くなるという数々のメリットが生まれています。加えて、紙文書の削減、作業時間の短縮、保管場所の省スペース化といったメリットも。一石何鳥にもなりうる戦略的制度といえるでしょう。

第2章　研修いらずの社内業務＆マナー

書類の整理術

書類には保存期間がある

① **会社ルールを守る**：会社ごとに書類の分類・保管・保存ルールがある。社内では周知のことなので、必ずそれにしたがうこと

② **工夫が大事**：書類の整理は、出すときのことを必ず考えること。1枚ずつめくらなければわからないようではNG。自分なりに工夫しよう

● 保存期間や保存ルールを守る

日々増え続ける書類。しかし、==法律で「○年保存」と定められているものや、トラブル時の証拠として任意の期間保存しておくものもある==ので、勝手に処理するのは厳禁です。

文書整理（ファイリング作業）は、必ず先輩などに会社のルールを尋ね、それにしたがって整理しましょう。

一方、個人的に作成・使用したものには、簡単な「自分ルール」をつくり、案件別、取引先別など、わかりやすい分類で見出しをつけ、整理しておきましょう。

もちろん、余分なものは必ず捨てることが大切です。

● 共有のデータはいじらない

パソコンにたまっている文書の整理は、自分専用の端末だけにしましょう。共有フォルダやサーバー内にある文書の整理は、専門職の人や権限者が担当します。

勝手にいじるとほかの人がわからなくなるばかりか、消失してしまうことさえあるので注意を。

あると便利な整理グッズ

トレー	新規の書類や未分類のものを一時的に保管するのに役立つ
クリアファイル クリアフォルダ	使用頻度の高い書類や進行中のものを入れる。色で分類することもできる
ファイルボックス	クリアファイルや厚みのある書類を入れて保存するのに便利
バインダー式ファイル	長期保存向き。終了案件や使用頻度の極端に低い書類を入れるとよい

書類整理のコツ

　会社における書類整理は、2つに大別されます。まずは、経理関連書類や契約書類など、会社として一定期間保存しておかなければならないもの。これは会社のルールにしたがって分類し保存します。もうひとつは、仕事を進めるうえで個人的につくった書類や資料などです。こちらは自分のルールで分類・保管しておきましょう。
　なお、ここでは後者について解説します。

ファイリングの手順

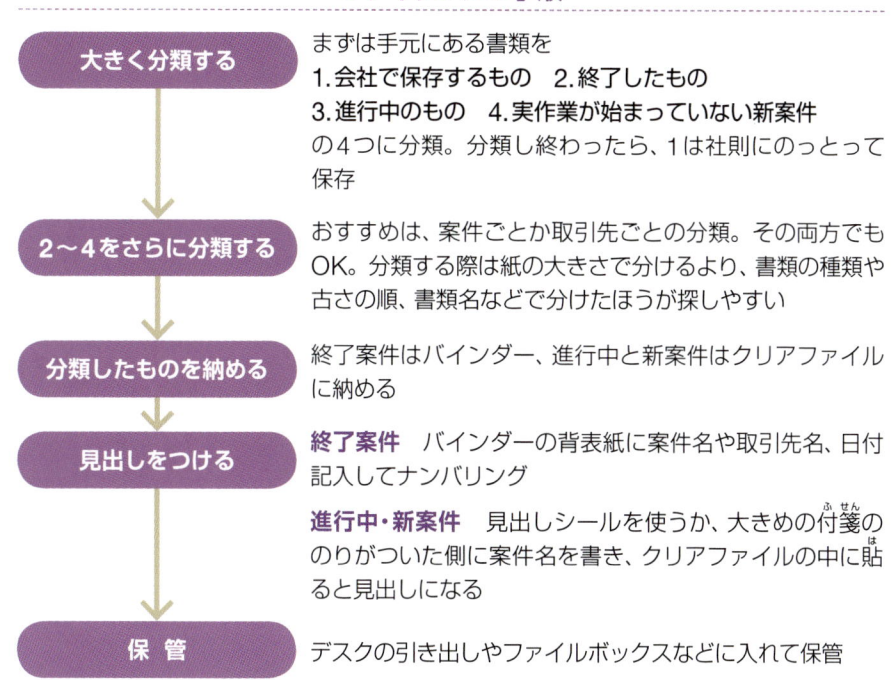

大きく分類する
まずは手元にある書類を
1. 会社で保存するもの　2. 終了したもの
3. 進行中のもの　4. 実作業が始まっていない新案件
の4つに分類。分類し終わったら、1は社則にのっとって保存

2〜4をさらに分類する
おすすめは、案件ごとか取引先ごとの分類。その両方でもOK。分類する際は紙の大きさで分けるより、書類の種類や古さの順、書類名などで分けたほうが探しやすい

分類したものを納める
終了案件はバインダー、進行中と新案件はクリアファイルに納める

見出しをつける
終了案件　バインダーの背表紙に案件名や取引先名、日付記入してナンバリング

進行中・新案件　見出しシールを使うか、大きめの付箋（ふせん）ののりがついた側に案件名を書き、クリアファイルの中に貼ると見出しになる

保管
デスクの引き出しやファイルボックスなどに入れて保管

注意1　案件が終了したからといって、さっさと処分してしまうと、あとから経緯を調べたり参考にしたりできなくなります。どの程度保管しておけばよいのか迷ったら、先輩に聞いてみましょう
注意2　オフィス内に共有の保管場所がある場合は、会社ルールにしたがって保管しましょう

こんなときどうする？　パソコンのデータは？

　ファイル名に案件名と日付を入れると、自動的にソート（並べ替え）されます。あとは工夫しだいで、案件別や用途別のフォルダをつくって管理。
　また、バックアップも必ずとること。理想は毎日ですが、3日おき、1週間ごと、などと習慣化しましょう。

終わったらすぐ返却

　社内共有の資料をいつまでも手元に置いておくのは、自分勝手な行為。すぐに返しましょう。

カバンの整理術
カバンの整理で管理能力がわかる

① **ルールを決める**：いつでもさっと取り出せるよう「どこに何を入れるのか」"自分ルール"を決め、それを守る

② **アイテムを使う**：色違いのクリアファイルで書類を分ける、ポーチに小物類をまとめるなど、探しやすいように工夫を

● すぐに取り出すために小物を使う

　商談の席で資料を取り出そうと、カバンの中を手で探ってもなかなか見つからない。それではせっかくうまく進んでいた商談も、「その程度の管理能力か」と相手に見くびられてしまいます。ビジネスパーソンたるもの、必要なときに必要なものをさっと取り出せなくてはなりません。

　そのためには、日ごろからカバンの中身を整理し、把握しておくことが大切です。会社のデスクと違い、カバンの中は自分の領域。自分のルールで使いやすく、わかりやすく整えておきましょう。

　クリアファイルや輪ゴム、ポーチ、クリップなど、あらゆる小物を上手に利用することが、その第一歩となるはずです。

カバンの中身

　カバンの中身には、多少男女差がありますが、おおよそ右のようなものが入っています。このほかに財布、定期入れ、ハンカチ・ティッシュ、携帯電話などがありますが、これらは身につけているか小さなポーチに入れて持ち歩いている人が多いでしょう。

　つまり、最低でもこれだけのものを整理できることが、ビジネスパーソンとしての基本スキルになるということです。

一般的なアイテム

- 仕事の書類や資料
- 名刺入れ
- 筆記具
- スケジュール帳やノート
- 本、雑誌類
- 常備薬
- （女性の場合）化粧ポーチ

カバンの中身 整理のコツ

コツ1 出し入れの頻度が高いもの
筆記具や手帳、携帯電話、定期入れなど、カバンからひんぱんに出し入れするものは「つねに身につけていられるか」を考えます。身につけられないなら、所定の位置を決め、収納しましょう。

コツ2 定位置を決める
自分の行動パターンを考え、荷物がそれぞれ取り出しやすいよう、定位置を決めます。やはり、使ったら必ず元の場所に戻すことを習慣化しましょう。

コツ3 順番を決める
大半の人は同じ面を外側に向けてカバンを持つ習慣があります。そこで、自分に接する内側から大きい順に収納。こうすることで、大事な書類を悪天候による濡れやシワから最大限守れます。

コツ4 小物を使う
書類などは、必ずクリアファイルに入れること。コツ1で身につけられなかったものは、セカンドバッグなどにまとめて収納。取り出しやすいよう、最後にカバンの中へ納めます。

コツ5 毎日必ず確認する
ときどきカバンを替える人は、帰宅後に必ずバッグからいったん中身を取り出し、所定の場所に置いておくことがじつは重要。スーツのポケットなどに収納している人も同様です。朝、ドタバタしていても、「そこさえ見れば全部そろう」ため、入れ忘れを防げます。

● **おすすめは、バッグ・イン・バッグ**

大きめのカバンを持ち歩く人は、小さなセカンドバッグやポーチなどを利用すると便利です。貴重品や手帳・筆記具などを一式入れておけば、ランチ程度ならそれだけでOK。飛行機などで出張する場合は、そのまま手荷物に。パーティーや宴会などでは、大きなカバンをクロークに預け、動きやすい状態で参加できます。

アタッシュケース

アタッシュケースなら書類が折れ曲がる心配もなく、悪天候による影響もかなり軽減できます。また四角いため整理しやすく、慣れると非常に使いやすい逸品。他人に中身を見られたくない人、整理整頓が苦手な人にはおすすめです。ただし、書類はやはりクリアファイルに納めたほうが無難。そのうえでケースの扉側にあるポケットに小物類を納めるのが王道でしょう。

日報・報告書の基本
客観的に業務を見つめる重要書類

① **指示・管理の指標**：上司にとっては、大局的な視点で部内を把握し、指示・管理の指標となる重要書類
② **成長の糧になる**：日報も報告書も、自分の業務を客観的に振り返るには最適のツール。課題も改善点も浮き彫りになる

● その日の業務を次に活かす

日報や報告書には、大きく2つの役割があります。

まずは、上司が各社員の業務内容や進捗状況、課題などを把握するという本来の役割です。上司はそれをもとに部署内全体の状況を把握し、仕事の割り振りや人材管理、改善点の洗い出しなどをおこないます。

もうひとつは、共有情報としての役割です。日報も報告書も共有資料として保存されていることが多く、部内の貴重な活動履歴として過去の経緯や内容を調べるために使われます。

また、日報や報告書を書くことは、自分自身にとっても重要です。書面に書き記すことで自分の仕事が整理され、客観的に振り返ることができるのです。もちろん、今後の改善点や問題点が浮き彫りになるので、つねに成長していくためには欠かせないツールかもしれません。

日報と報告書の違い

■ 日報

終業時にその日の業務に関して記入する「総まとめ」的書類。書式は会社ごと、職種ごとに異なりますが、多くが下記の項目を記載するようです。また、これらのほか、課題や疑問点、取り組み、次回目標などを記入する場合もあります。

おもな記入項目
- 当日の業務内容
- 進捗状況
- 成果
- 所感

■ 報告書

出張後やプロジェクトの区切りなどで作成する書類。書式は会社ごと、職種ごとに異なります。自分の意見や感想は排除し、客観的事実だけを記入するようです。また、日報よりも重要度が高く、共有情報として比較的長く保存されます。

おもな記入項目
- 経過報告
- 成果
- 課題
- 収支計算
- 詳細資料の作成状況

日報・報告書の記入方法

日 報

　会社・職種によってデイリーシート、業務日報、営業日報、売上日報などと呼び方が変わります。このうち売上日報に関しては、店舗販売に関する書類となるため、売掛金や収支報告をともないますが、それ以外は意外と大ざっぱなものが多いようです。

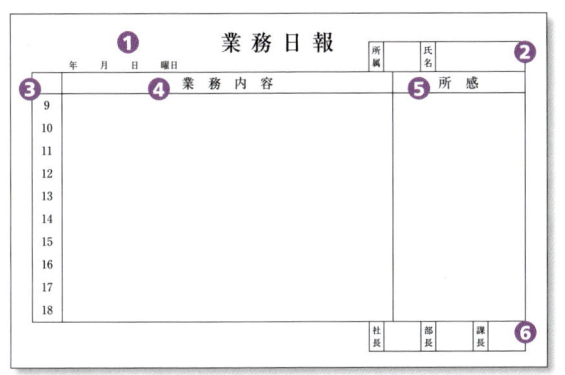

❶ 日付・曜日
❷ 所属・氏名
❸ 就業時間枠
❹ 業務内容　その日の作業内容や費やした時間、商談相手などを記入する
❺ 所感　該当作業に対する反省点や課題、評価、思ったことなどを記入する
❻ 管理者確認印欄

＊これらに加え、目標や進捗状況、上司のコメント欄を設けている会社もある
＊紙ではなくデータでやりとりする会社も多い

報告書

　調査報告書や収支報告書、事業報告書など、さまざまな種類があります。いずれの報告書も、なるべく箇条書きや表、図、計算書などを用いて、事実を淡々と、読みやすく記入していくスタイルです。そして必要に応じ、最後に「所感」として軽く意見を述べて締めくくります。

　ただし、書式は会社ごとにまったく違うので、報告書を作成する際はフォーマットの有無を確認することが大切です。また、同様の報告書が資料として保存されている場合も多いので、チェックしてみましょう。

● 記入をラクにするために

　日報や報告書を「非常にめんどうな業務」と考える人は、少なくありません。それは業務一つひとつを悩みながら振り返っているからです。それならば、悩まなくて済むような方法をとってみてはいかがでしょう。

　そのために使うのが、手帳やノート。仕事Aを始めたのが何時何分、終わったのがいつ、途中で思いついたこと、困ったこと、相手の反応や改善点、……。気づいたときにその時刻といっしょにどんどん書き残していけば、「あれ？　何したっけ？」と悩むむだな時間が一気に減るはずです。

会議に参加する
業務の方向性を決める重要ミッション

① **準備万端整えて**：会議は貴重な時間を割いて集まるもの。実りのあるものにするには、万全な準備をしておくことが大切

② **内容を理解する**：新人の最重要課題は「内容を理解すること」。そのためにも人の発言に耳を傾け、メモをとり、貪欲に吸収しよう

● まずは資料の読み込みと詳細なメモから

会社には、役員会議、部内会議、企画会議などのほか、それに準ずるものとして関係者どうしの打ち合わせや意見交換会など、さまざまな会議があります。もちろん、すべてに出るわけではありませんが、新人もそのいくつかには参加することになります。

仕事に慣れるまでは、何を話しているのかわからないかもしれませんが、資料を読み込んで理解を深める。積極的にメモをとり、わからない用語や経緯は、あとで先輩や上司に尋ねてみることが大切です。

会議の準備

資料を作成する	上司などから資料作成を頼まれる場合も。充分に打ち合わせをして疑問点をすべて解消し、見やすくつくる
資料に目を通す	事前に配られた資料にはじっくりと目を通し、議題や問題点を把握しておく
自分の意見をまとめる	資料をもとに自分の意見を書き出す。発言の際は会議中のメモとともに、書き出したものを参考にする
機材をそろえる	会議によっては、プロジェクターなどで資料を大きく映すことも。発表者から機材の要請があったら、準備しておく
5分前には着席する	会議は参加者の貴重な時間を割いておこなわれるもの。会議の開始時刻5分前には着席する

知っておきたい会議の席次

来客時（118ページ参照）と同様、会議室にも席次があります。室内の配置や参加人数によっても変わりますが、新人はいちばん下座の出入口付近に座るのが妥当です。

コの字型／**対面型**／**円卓型**

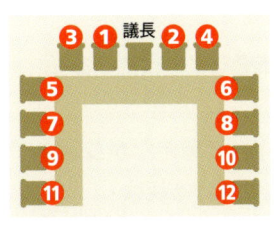

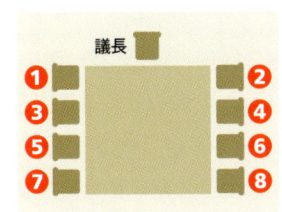

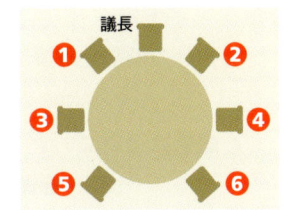

＊番号の小さい席ほど上座

会議中の心得

心得1 議長や司会者の進行にしたがう
会議の進行を乱す言動は厳禁。議長や司会者の進行にしたがいましょう。

心得2 質問や発言は挙手で
質問や発言をするときは「よろしいでしょうか」と挙手するのが鉄則。議長の許可を得たら話し始めます。

心得3 意見は結論から簡潔に
意見は、結論から簡潔に述べて理由へ。よけいな言葉は省いて、端的に話します。また、見当違いな発言はNGです。

心得4 とにかくメモをとる
聞きながらメモをとります。ただし、下ばかり見て発表者に注目せずにいると聞いていないと思われるので×。

心得5 話しをさえぎらない 議題からそれない
ほかの人の話しの途中で割り込まないこと。質問があったら、ひと通り話しが終わってからにしましょう。

心得6 反論されても感情的にならない
意見を否定されても、決して感情的にならないこと。冷静に「なるほど、そうかもしれませんね」と共感を示し、自分の意見と比較してみましょう。

こんなときどうする？ 会議が長引いて約束した電話ができない

取引先に「○時にお電話します」と予告したのに、会議が長引いてその時間になってしまった……。こんな場合は、簡潔に事情を記したメモを上司へ渡し、発言がひと区切りするのを待ってからそっと中座します。電話が済んだら、すみやかに席へ戻りましょう。

第2章 研修いらずの社内業務＆マナー

会議を運営する
活発な議論で最善の意思決定を

① **自分の役割を理解**：会議には進行役（議長）、書記、提案者などの役割がある。それぞれに合わせた準備が重要
② **議論は活発に**：「どこがポイントか」「何が欠けているか」と考えながら意見を聞く。それが活発で有意義な議論につなげる秘訣

● 自分の役回りを知ること

　会議をセッティングするといっても、新人のうちは会場や資料などの準備がせいぜい。しかし、経験を積んでくると、進行や書記を任されることもあります。とくに進行役の場合は、会議の流れを押さえることが重要です。

　一方、書記を務める場合は、会議中にしっかりメモをとること、そして終了後は会議の内容をすみやかに議事録としてまとめることが大切です。

会議の準備

会議室の手配

前日までにすること
- 参加予定人数を把握する
- 会議室を予約・手配する（会議の時間を予測し30分ほど長めに予約しておく）
- 会議の流れを把握する（右のフローを参照）
- 必要な資料の作成
- 複雑な案件の場合は担当者と打ち合わせ疑問点を解消しておき資料に反映させる

当日すること
- 議題に関する変更の有無を確認（資料に反映する時間はないので会議中に口頭で伝える）
- 資料を人数分＋2部程度コピー
- ボードやプロジェクターなど必要な機材を準備
- 人数ぶんの飲みものを準備
- 会議室のセッティング（イスや機材など）

一般的な会議の進行

開　会
↓
趣旨を説明
↓
発表者のプレゼン
↓
討議（質疑応答）
↓
まとめ
↓
次回開催日のすり合わせ
↓
閉　会

役割別 会議攻略術

会議では、担当する役回りで会議の準備や会議中の視点が大きく異なります。自分の立場ではどうすればよいか、把握したうえで臨みましょう。なお、とくに役割がなく参加する場合は、70～71ページを参照してください。

発表者として参加

- 会議前に進行役と打ち合わせ議題を明確化する
- 配付資料やプロジェクターなどで使用する資料を準備する
- 提案内容を整理し時間内に提示できるよう調整する
- 会議での発言は、簡潔にわかりやすく
- 会議中は人の意見に耳を傾け質問に答える
- 会議終了後、議決した内容を盛り込み次の作業に活かす

進行役で参加

- 発表者と打ち合わせる
- 最初に議題を簡潔に述べる
- 発表者にプレゼンの指示を出す（発言が停滞したらフォローする）
- 質疑応答をし、疑問点の解消に努める
- 議論が脱線しないようリードする
- 複雑な場合は適宜要点をまとめていく
- 課題が残ったらそれを明示し次回の日程を決める

書記で参加

- 会議の内容を正確に記録する
- ホワイトボードなどに板書する場合もある
- 速度と正確さに配慮して記録
- ICレコーダーなどを使うとよい
- 終了後に議事録としてまとめる
- 議事録の書式は社内のフォーマットにのっとる
- 議事録は早いうちにまとめる

NG 会議でのNG行為

- ✗ 開始時間に遅刻
  （理由：会議が始まらない）
- ✗ 居眠り
  （理由：真剣さに欠け、無礼）
- ✗ 私語
  （理由：周囲の人の集中力にも影響）
- ✗ 挙手をせず発言
  （理由：進行を乱す行為）
- ✗ 話を脱線させる
  （理由：進行を乱す行為）
- ✗ 感情的になる
  （理由：収拾がつかなくなることも）

こんなときどうする？ 結論が出ない！

議題によっては、非常に複雑な問題であったり、情報不足が発覚したりします。その場合は無理に結論を導かず、課題や疑問点を明確にしたうえで、次回へ先送りするのも有意義な決断です。

会社への連絡・届け出
連絡は業務 届け出は義務

① 連絡は「業務」：連絡が必要なものは、直行直帰や遅刻・早退などの場合。業務を円滑に進められるようにするために不可欠な業務

② 届け出は「義務」：届け出が必要な書類には、背景に法律や会社経営上必要不可欠な要素が隠れている

● 連絡も届け出も「早めに」が鉄則

　会社に入ると、社内の業務を円滑に進めるため、さまざまな場面で連絡や届け出が必要となります。たとえば無断での欠勤や遅刻は厳禁ですが、やむを得ない場合には「届出書」を提出することにより、認められます。

　どんな場合の連絡・届け出も、早め早めにおこなうのが原則です。さもないと業務が停滞するばかりか、ほかの人への負荷が過剰になり、ひどいときには会社の信用さえ崩れてしまうでしょう。また、==給与や各種手当の計算など、自分の生活にも大きな影響をおよぼす==ので、忘れることのないよう厳守してください。

連絡だけで済ませられそうなもの

　届け出が連絡だけで済む事柄は、基本的に「業務上必要な場合」と「やむを得ない事情がある場合」。そして、どちらも「給与や経費にほとんど影響を与えない」場合です。

直行と直帰

自宅から取引先などに直接行く（直行）こと、出先からまっすぐ帰宅する（直帰）ことです。直行の場合は、約束の時間が早朝であるケースが多く、前日までに上司と打ち合わせをし、許可をとっておく必要があります。直帰の場合は、出先から上司に電話連絡を入れることで許可されるケースが多いようです。

遅刻と早退

交通機関のトラブルや突然の病気など、不測の場合は、始業10分前を目安に上司へ連絡することで許可されます。ただし、交通機関の遅延証明書や病院の領収書などの提示が必要な会社もあります。
早退も病気や弔事がらみが多く、そうした場合は上司との話し合いで認められます。

届出書類が必要なもの

届け出が必要な書類の大半は、労働基準法や健康保険法、年金法、所得税法などの法律に少なからず関連するものです。これは会社経営上、社員の状態を正確に把握・申請する必要が生じるためで、本人の記載を確証として一定年数保存しておくことになります。また、振込先の変更届や休暇・欠勤などは給与にも影響するため、早めに確実に届け出ましょう。

欠勤届

会社を休む際に届け出ます。ただし、欠勤は給与計算には含まれないため、病気や事故、天災といったやむを得ない場合がほとんどです。そのため、事後に届け出るケースが大半です。書類には欠勤日数や理由などを記載します。

結婚・離婚届

結婚や離婚に関しては個人情報ですが、扶養控除をはじめとする各種手当や税法上の優遇措置と密接に関係するため、経理上正確に把握しておかなくてはなりません。恥ずかしがらずに、必ず届け出ましょう。

有給(代休)届

有給休暇は、労働基準法などにより取得が義務化されています。規定の日数以内であれば、欠勤のように給与計算から除外されることはありません。一方、代休は、本来休日だった日に勤務した場合、その休日の代わりの休日を取得する制度です。こちらは給与計算には含まれません。どちらの場合も必ず事前に申請し、許可をもらう必要があります。

各種変更届(住所・振込先)

住所や銀行の口座(振込先)などを変更する場合に提出します。これらのほとんどは個人情報ですが、隠さず届け出ましょう。とくに銀行口座は給与振込みに影響するので、自社の締め日の数日前までには必ず届け出ます。振込手続きは、銀行との契約でほぼ自動的におこなわれる会社がほとんど。タイミングを逃すと当月の振込みに間に合わなくなります。

こんなときどうする？ インフルエンザにかかった！

インフルエンザのような感染力の強い病気にかかった場合は、すみやかに会社へ連絡しなければなりません。無理に出勤しても、高熱やせきなどの影響で作業効率は、まったく上がりません。そればかりか、社内全体に感染を拡大させる可能性が生じます。そうなると、会社は経営危機に一直線です。必ず電話などで上司と相談し、業務の引き継ぎやフォロー、優先順位の変動などについて打ち合わせましょう。

上司・先輩との付き合い方
敬意を払い信頼を得る努力を

① **管理者と指導者**：上司は、業務と人材の管理責任者。先輩は、もっとも自分に近い立場で社内や実務について教えてくれる先生

② **敬意をもって**：上司はあなたを信頼して仕事を任せている。それに応えるには、あなたも上司を信頼し、敬意を払って接すること

● 経験や能力に敬意を表す

自分より多くのキャリアと実績を積んでいる上司や先輩は、それだけでも充分尊敬に値します。誰に対しても敬意をもち、謙虚な姿勢で接しましょう。

ただし、謙虚なだけではダメ。わからないことは率先して聞き、迷ったら相談をもちかけることが大切です。よく質問する人は、仕事や自分の成長に積極的な人と評価されます。そのうえで、ときには親愛の念を示し、ときには自分の意見をぶつけてみる。そうすることで初めて互いの人間性への理解と信頼が深まります。

名前を呼ばれたら

1 返事をして上司・先輩のもとへ
作業中でもすぐに「はい」と返事を。用件が複雑かもしれないのでメモの準備をして上司・先輩のもとへ

2 メモをとり、内容を復唱
間違いを防ぐためにもメモは必須。話は最後までよく聞き、不明な点は質問を。最後に指示内容を復唱して確認

3 指示を遂行し、こまめに報告
仕事は期日を守り、確実にこなす。報告をこまめにし、上司や先輩がつねに状況を把握できるよう心がける

上司からの評価はココで決まる！

- 名前を呼ばれたらすぐ反応するか
- 感情的な発言をしないか
- ホウレンソウができているか
- 上下関係をわきまえているか
- 話を聞く姿勢はどうか
- 積極性はあるか
- 言葉づかいはきちんとしているか
- 期限を守るか
- 疑問をきちんと解決しているか

こんなときどうする？

❶ 電話中や接客中に呼ばれた

立ち上がって身ぶりで電話中であることを示し、そのまま電話を続けます。接客中の場合は、目の前のお客さまを第一に。電話も接客も応対が済んだら、急いで上司のもとへ行きましょう。「失礼しました」とひと言添えてから用件を聞きます。

❷ 上司の発言内容と態度が違う

上司も人間ですから、矛盾や不安を山ほど抱えています。そこを理解したうえで、言葉や行動から慎重に本音を見抜く訓練を。たとえば、提出した書類を読んで「なかなかいいね」と言ったのに、上司の目はあらぬほうを向いていたり、口調が素っ気なかったりした場合は、態度のほうが本音かも。

❸ セクハラをされて困っている

セクシャルハラスメントは判断が難しいケースがあり、本人はそれと気づかずにしている可能性もあります。まずは明るく、しかし毅然とした態度で、本人に不快であることを伝えましょう。それでも改善されなければ、その人の上司や社内の担当窓口などに相談を。

第2章 研修いらずの社内業務＆マナー

上司や先輩と同行する

1 移動中
斜め後ろを歩く。荷物が多い場合は、できるだけ持つよう心がける。引き継ぎ中であれば、できるだけ取引先の情報を教えてもらうとよい

2 あいさつ
取引先とのあいさつ・名刺交換は、上司や先輩が最初。引き継ぎを相手が知っている場合は、元気よく「よろしくお願いします」とあいさつを

3 商談中
基本的には、書類や資料の準備、メモなどのサポートに徹する。引き継ぎ中なら内容把握はもちろん、できるだけ会話に参加するよう努力する

同期・後輩との付き合い方
苦楽をともにする頼もしい仲間たち

① **助け合いの精神で**：同僚や後輩は、同じ分野の仕事をしている者どうし。困ったときは助け合い、互いに自分を磨いていこう

② **昔の自分を思い出せ**：後輩と接する際は、自分の新人時代を思い出して気持ちにゆとりを。教えることもビジネススキルのひとつ

●「親しき仲にも礼儀あり」が基本

職場に気の置けない同期がいるのは、何かと心強いもの。同じ悩みを共有できるため、プライベートでも親しくなれます。

しかし、人間関係の基本は「親しき仲にも礼儀あり」。くだけた言葉での会話も会社ではNGです。愛称で呼ぶのを黙認している会社もありますが、社外の人と会うときにポロリと口に出してしまわぬよう注意してください。ビジネスシーンであることを意識しましょう。

後輩には、自分が新入社員だったころを振り返り、思いやりをもって接します。仕事を押しつけたり、人前で怒鳴ったりするのはNG。後輩は経験が浅いので、ある程度のミスはしかたのないこと。それをふまえて教えていき、できたらきちんとほめてあげることが大切です。先輩としてしっかりとサポートし、フォローしてあげましょう。

同期と接するときの心得

心得1 サポートとフォローを心がける

同期はよき仲間であり、よきライバル。互いを助け、競い合うことで、成長し続けることが大切。それが会社にもよい影響を与えるはずです。

心得2 公と私を分ける

同期は社内でいちばん親近感の持てる存在。だからといって、くだけた口調やふざけた態度はNGです。ビジネスの場と意識し、節度をもって接しましょう。

心得3 人前で相手を批判しない

ライバル心が強いと、相手のマイナス面ばかりを指摘しがち。でも、それが自分の評価も下げると気づいて。よいところをきちんと認め、学びましょう。

心得4 お金の貸し借りをしない

お金はトラブルの最大の原因。親しくても金銭の貸し借りは避けましょう。もし借りたら、翌日には返す、貸したら「おごった」ものと考えてください。

同じ職場の位置関係

概念図

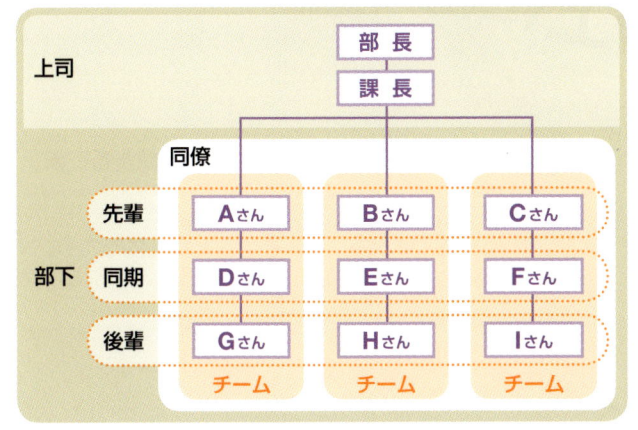

上司	部長		
	課長		
	同僚		
部下 先輩	Aさん	Bさん	Cさん
部下 同期	Dさん	Eさん	Fさん
部下 後輩	Gさん	Hさん	Iさん
	チーム	チーム	チーム

同期	同じ年に入社した人
同僚	同一部署内で地位が同じ人。先輩も後輩も含む
後輩	自分よりあとに入社した人
部下	自分に役職がついて初めてもつもの

後輩と接するときの心得

心得1 ミスを責めるな
人間なら欠点も失敗もあります。ミスを責めても仕事は進みません。ミスは責めるのではなく、「どうすればフォローできるか」を最優先に考えてください。

心得2 自分のときを思い出す
自分も入社したてのころは失敗の連続。敬語さえままならなかったはず。それを棚上げして叱るより、自分のことを思い出し、広い心で接しましょう。

心得3 結果はすぐに出ない
1回教えて完璧にできる人などいません。同じことでも根気よく対応してください。逆に、きちんとできるようになったら、しっかりほめましょう。

心得4 仕事を頼むなら
経験が浅く、知識も乏しいことを前提に。わかりやすく順序立てて説明し、「わからなかったらいつでも聞いて」のひと言で安心感をもたせるとよいでしょう。

こんなときどうする？ ささいなことで大げんかしてしまった

たとえ相手に非があっても、感情的になって職場でけんかするのはマナー違反。けんかした当人だけでなく、周囲の人も気まずい思いを抱いています。冷静になったら、周囲の人へきちんと謝罪しましょう。けんかの相手にも謝り、しこりを残さないようにします。

仕事とプライベート

境界線は気持ちの上にある

① **ONとOFFを分ける**：自分なりのスイッチをつくり、公私を切り替える。前向きに割り切る気持ちがあればできる

② **全力でリフレッシュ**：気持ちの切り替えは大事。仕事を全力でがんばったら、遊びも全力で。それが成果を上げるコツ

● 公私のバランスを上手にとること

仕事とプライベートの線引きは難しく「就業時間内だけが仕事で、それ以外は完全にプライベート」ときっちり分けられる人は少ないものです。

残業はもちろん、上司から飲みに誘われたり「接待」や「お付き合い」と称して休日にゴルフをしたり、ときには会社の人に遊びに行こうと誘われることもあるでしょう。

本来はプライベートな時間でも、社会人となれば多かれ少なかれビジネスがかかわってきます。それをどう受け取り、行動するかで、その後の人生はまったく変わってくるでしょう。

「仕事漬けで何も考えられない」「プライベートも仕事関係のことばかり」。そのような人は一度、自分の思いと時間の使い方を見直してみてはいかがでしょう。

● 自分磨きの時間なんてない！

アフターを楽しみたい、自分磨きで英会話を習いたい。そう思っても、仕事に追われて思うようにできないという人も少なくないでしょう。自由にできる人がうらやましいと嘆く前に一度、自分の仕事のしかたを見直してみてください。

==忙しさを緩和するには、①的確なスケジューリング、②効率的に作業、③集中力、この3つが必要==です。右のポイントと照らし合わせ自分の作業と比較・検討してみましょう。

📎 残業回避のためのポイント

- 仕事に集中しているか
- 集中できる環境をつくっているか
- 作業の優先順位を間違っていないか
- 無駄な作業をしていないか
- 無理なスケジュールを立てていないか
- 仕事の割り振りは適切か
- 協力態勢をきちんとしいているか

自分なりの切り替えスイッチをつくれ！

ONとOFFの切り替え方

服装で切り替える人が多いようです。男性の場合、「仕事中は必ずスーツ」と決めれば、自然に切り替えられます。女性の場合も仕事着と私服、あるいは靴で分けたりしているようです。このような自分ルールを決めておけば、「家に着くまでがビジネス」となり、きれいに分けられます。

ルール「引きずらない」

前日のお酒は引きずらない（遅刻は言語道断）、失敗を引きずらない、休日前のうわついた気分で出勤しない、などは「〇時に寝る」「健康に気をつける」といった自己管理と同じく、気持ちの自己管理です。「きのうのテニス、楽しかったね〜」と休日モードを引きずらず、毎朝リセットしましょう。

仕事とプライベートの境界線

■ 飲み会や社員旅行などにはどう対処する？

会社がかかわる以上、どちらもビジネスと考えるのがベスト。もちろん、全部参加すべきというわけではありません。

飲み会は月1で、社内行事は予定と重ならなければ……といった自分なりの基準を設けておくと、割り切りやすいはずです。

■ 先輩や上司に誘われた休日は？

まさに公私の境界線上ですが、参加するなら「楽しく」が鉄則。つまらなそうにしているくらいなら、断ったほうがよいでしょう。また、リフレッシュ目的なので、仕事の話は厳禁。「仕事の話か…」とげんなりさせてはいけません。

■ 取引先からアフター5（ファイブ）の誘いが……

相手が取引先なら、先方に食い込む絶好のチャンス。何より強固な人脈と信頼関係を築けるのが最大のメリットです。

ビジネスとして、極力参加することをおすすめします。ふだんは聞けない裏話や役立つ情報を聞けるチャンスでもあります。

■ 社内恋愛はどうなるの？

恋愛は完全にプライベート。とはいえ社内恋愛であれば、私的な感情を仕事場にもち込まない配慮が必要です。仕事中はビジネストークに徹し、私生活の話題を出さないことです。私的なメールもご法度。互いがその点を了承していることも重要です。

飲み会のメリットってなんなのよ！

人脈と情報です。本当に飲み上手な人は、飲み仲間の人脈が多彩です。A社の社長やB社の部長、役所の助役、……などいろいろな人と知り合えば、おもしろい話が聞けるはずです。人脈はビジネスの宝。人生のどこかで必ず活きてきます。もちろん、チームワークが深まる、ストレス発散できるといったメリットもありますが、それだけではないと覚えておいてください。

第2章 研修いらずの社内業務＆マナー

ステップ・アップコラム❷

もうひとつの「守秘義務」

　ビジネス社会に「守秘義務」という言葉があります。これは「会社の経営や運営、業務に関する情報を社外の人に話すことを禁止する」決まりです。その目的は、会社の利益を守るためであり、会社に関連する人たちを守るためでもあります。もちろん、会社によって程度の差こそありますが、決して破ってはいけないルールのひとつです。

　なぜ、こんな話をするのかというと、もうひとつ「守秘義務」と考え、しっかり守ってもらいたいことがあるからです。それは、社内での会話です。
　会社に勤め始めると、いろいろな場所で非公開の話を耳にします。たとえば、こんな具合です。

- 喫煙場所で　「今度Aさんが異動になるんだって」
- 給湯室で　　「AさんとBさんがデキてるってうわさよ」
- 飲み会の席で「A君の後任は、C君にしようと思っているんだが……」

　こうした話は、会社の内部情報でもあり、個人情報でもあり、単なるうわさの域を出ない話かもしれません。もちろん、確定情報だとしても、こうした話を吹聴するのは、完全なマナー違反。対象となる人物の気分が損なわれるだけでなく、周囲の人たちに「当人たちとどう接すればよいか」ととまどわせ、日常業務にも多大な影響をおよぼします。

　どんなジャンルでも情報通になるのはよいことですが、それをやたらと漏らさないよう心がけてください。必ず自分の中で取捨選択をしてみることが重要です。そして、「自分だけ知っている」「あいつはダメだ」といった気持ちではなく、ふだんと同じように接することが、社会人として、大人として当然のマナーだといえるでしょう。

第3章

ものおじしない会話術

ビジネス会話にオチなどいらない！
難しい敬語も最初はいらない！
コツさえつかめば誰でもできる
ビジネス会話のHOW TO

第3章監修●梶原しげる（フリーアナウンサー、東京成徳大学応用心理学部客員教授）

ビジネス会話の基本

目的達成のための
ビジネススキル

① **必ず目的がある**：企画を通す、利益を出す、相手の要望を聞き出す、……すべてのビジネス会話には、到達すべき目的がある

② **会社の代表として**：相手にとって、自分は会社の代表者。会社の方針を代弁していると意識して対応すること

● 会話の目的を意識する

　ビジネス会話と、友人や家族との会話。いちばんの違いは、開発手順を説明する、商談をまとめる、会議で報告するなど<mark>ビジネス会話には「明確な目的がある」</mark>ことです。その目的はさまざまですが、最終的にビジネスを成功させ、会社に利益をもたらすためのコミュニケーション。それがビジネス会話です。

　ビジネス会話での大きなポイントはたった2つ。ひとつは、相手に失礼がないよう配慮すること。もうひとつは、回りくどくならないこと。相手の気分を損ねたらうまく進んでいた商談もダメになり、何が言いたいのかわからなくては元も子もない、ということです。

　ビジネス会話では、つねに「目的は何か」を意識し、それをまっすぐに伝えるよう心がけることです。そのためには、正しい言葉を選択し、どの順番に、どんなトーンで話せばよいのかを考えること。

　商談の成否も社内での立身出世も、すべての基本がここにあるのです。

● 会社の代表者としての任務と心得る

　取引先や新規顧客を相手にビジネスの会話をする際は、自分は会社の代表者として話している、ということをしっかりと意識しましょう。もちろん、相手もそのように受け止めています。

　ときには言いにくい内容もあるでしょうが、必要な情報は伝え、聞き出さなくてはなりません。それが自分の仕事、任務であれば、できるはずです。

ビジネス会話の基本スタイル

アイコンタクトを意識して

相手の目を見るのは、意思疎通の基本。自社製品に対する自信や満足度、評価してほしいという熱い思いを込めて、アイコンタクトをとろう

表情で気持ちを伝える

自信のある製品なら目が輝く、おもしろいアイデアなら楽しそうな笑顔で話す、一世一代の大プロジェクトならこれ以上にない真剣さを。それが相手の心を動かす

ハキハキと聞きやすいように

滑舌の悪い話し方は、自信がないと受け取られる。相手は、そんな製品を評価してくれない。ポイントになる言葉を立てて、はっきりと発音しよう

ていねいな言葉づかいを

思い入れのある製品やアイデアだと、ついつい感情移入して荒っぽい口調が出てしまう。それで気分を害してしまったら何にもならない。つねにていねいな言葉を心がけよう

重要なことはゆっくりと

「いいですか、ここがポイントです！」とあらかじめ重要な部分だと示してから、言葉を選んでゆっくりと話すと説得力が強まる

● ビジネス会話の基本スタイルを身につけよう

ビジネス会話の基本は、「簡潔に」「正確に」「ていねいに」です。忙しいビジネスの場では、要領を得た話し方が求められます。事前に話の要点をまとめておき、結論から話すこと。わかりやすい言葉で、ワンセンテンスを短くすること。5W3H（いつ・どこで・誰が・なぜ・何を・どのように・いくら・いくつ）を押さえながら、順序立てて話すのがコツです。

第3章 ものおじしない会話術

ビジネス敬語の基本

自分の立ち位置を表現する便利なツール

① **人間関係を表現**：上司と部下、身内と外部、……人間関係を示すだけでなく、相手との距離を遠ざけたり近づけたりする効果がある
② **評価に直結**：敬語を巧（たく）みに操（あやつ）ると「公的な場にふさわしい人物」と高評価に。それが人脈・成績ともに成功する、自分のための第一歩

● 服装と同様、言葉も「敬語」に着替えよう

年齢も肩書きも立場も多彩な人たちと築いていく信頼関係。そのうえに成り立つビジネス。そこで必要となるのが、互いの関係を明らかにし、気持ちよく進めるための便利なコミュニケーションツール「敬語」です。

たとえば、ピシッとスーツを着た人物が敬語を使いこなしている姿は一人前の大人、そう、信頼に足るビジネスパーソン。それは敬語に、使う人をグレードアップさせる効果があるからそう見えるのです。

毎日、社会人としてスーツに着替えて出勤するように、仕事中は言葉も着替えてビジネスに臨みましょう。もちろん最初から完璧（かんぺき）にできる人などいません。経験をゆっくり積みながらでよいのです。

謙譲語

自分側を低めて、相対的に相手を高める言葉

謙譲語の「型」

❶ 「お（ご）〜する」の形で謙譲語にする一般型

　例 ● お伝えする…「伝える」の謙譲語
　　　● お会いする…「会う」の謙譲語

❷ 言い換えて謙譲語にする特定型

　例 ● 申し上げる…「言う」の謙譲語
　　　● 伺（うかが）う　　…「聞く」の謙譲語

尊敬語

純粋に相手側を高める言葉

尊敬語の「型」

❶ 「〜れる」「お（ご）〜になる」の形で尊敬語にする一般型

　例 ● お聞きになる…「聞く」の尊敬語
　　　● お会いになる…「会う」の尊敬語

❷ 言い換えて尊敬語にする特定型

　例 ● 召し上がる…「食べる」の尊敬語
　　　● おいでになる…「行く・来る・いる」の尊敬語

※文化審議会により敬語は、尊敬語・謙譲語Ⅰ・謙譲語Ⅱ（丁重語）・丁寧語・美化語の5つに分類されていますが、本書では覚えやすさ、使いやすさなどを考慮し、尊敬語と謙譲語にしぼって解説しています。

● 尊敬語と謙譲語は2つのポイントで判断

　敬語を使い慣れていないと尊敬語と謙譲語を間違って使ってしまうケースがよくあります。たとえば、取引先に自分の上司の言葉を伝える場合、「～とおっしゃっていました」……上司を立てたい気持ちはわかりますが、これはNG。

　尊敬語と謙譲語は、まず「誰を高めるべきなのか」、次に「内は立てずに外を立てる」という原則を確認します。取引先は外なので立てるべき対象として尊敬語を使う。尊敬すべき上司でも取引先の前では身内なので低めた表現の謙譲語……という具合です。

　この2点さえ知っていれば、前述の例が「おっしゃっていました」ではなく「申しておりました」が正解だとわかるはずです。

敬語の使い分け

上下関係
内部の人間しかいない場面では上司や先輩に尊敬語を。社外の人が加わる場合、その人は外部の人なので、上位に扱う

内と外
社外の人には尊敬語を。社外の人の前で、社内の人の言動について話すときは謙譲語。上司も呼び捨てでOK

身内かどうか
身内については謙虚さを感じさせる謙譲語を。上司の家族に上司本人の言動を話すときは、相手をもち上げる尊敬語

NG 「～のほう」「～になります」はダメ！

　以下は、よく話題に上る間違った日本語です。日常的に使っていると、ビジネスの場でもついつい出てしまうので、注意してください。

● **お名前のほうを頂戴できますか？**
「～のほう」は、丁寧表現ではありません。「頂戴する」は「もらう」の謙譲語。「名前をもらう」はおかしいので「聞く」の謙譲語「伺う」を使います。正解は「お名前を伺えますか」です。

● **こちらが資料になります**
接客業を中心に蔓延している言い方ですが、「なる」は通常、AからBに変化するときに使う言葉。素直に「こちらが資料です」と言えばよいのです。

第3章　ものおじしない会話術

ビジネス敬語の基本

覚える順番

● 1stステップは態度から

　敬語を最初から完璧に使いこなすのは至難の業。そこで、まずは「態度的敬語」から実践しましょう。

　態度的敬語とは、態度で敬意をあらわすこと。たとえば、会話をするときは姿勢を正して、アイコンタクトをとりながら話す。書類を手渡すときは、相手が読めるほうに向けて、両手を添えて渡す。コピーを頼まれたら、すぐに「ハイ」と返事をして小走りでコピー機へ向かう、など。身だしなみを整えることも含まれます。これならば、「言語的敬語」が苦手でも態度で敬意をあらわせます。

　そして、次の段階が「丁寧語」です。「です」「ます」を語尾につけるだけでも敬意は伝わります。

　態度と丁寧語、この2つを併用して実践してみるとよいでしょう。

● 2ndステップとして丁寧語を身につける

　丁寧語は、言葉や表現を整えることで敬意をあらわすものです。学生時代にも先輩に対して使った経験があるでしょう。

　そう考えれば、かなりハードルは低くなるはずです。

　丁寧語の使いやすさは、「目の前の相手だけ配慮すればよい」という単純さにあります。尊敬語や謙譲語は、目の前の相手だけでなく、会話に登場するその場にいない人物に対しても使い分けますが、丁寧語は、話し相手だけに作用する敬語です。

　態度的敬語と丁寧語。この2つだけでも身につけられれば、一生懸命さとまじめさは充分に伝わります。

1stステップ
態度的敬語を身につける

「はい」
「ありがとうございます」

「はい」「わかりました」「ありがとうございます」の3語さえ忘れなければ、口下手だけどきまじめな人だと、プラス評価に

2ndステップ
丁寧語を使う

○○です　○○ます

語尾を「です」「ます」にするだけでOK

3rdステップ
尊敬語・謙譲語を使う

ご存じですか
拝見します

どちらも相手側を高める言葉だが、自分側の行為を低めるのは謙譲語、相手側の行為を高めるのが尊敬語と覚えておけば間違わない

敬語 これだけは覚えておこう！

動詞	尊敬語	謙譲語
言う	おっしゃる	申し上げる
聞く	お聞きになる	伺う　拝聴する
見る	ご覧になる	拝見する
見せる	お見せになる	お目にかける　ご覧にいれる
行く	いらっしゃる　おいでになる	伺う　参る
来る	いらっしゃる　おいでになる お見えになる　お越しになる	伺う　参る
帰る	お帰りになる	失礼する　おいとまする
会う	お会いになる	お目にかかる　お会いする
する　おこなう	なさる　される	いたす　させていただく
居る	いらっしゃる　おいでになる	おります
尋ねる	お尋ねになる　お聞きになる	伺う　お尋ねする
知っている	ご存じ	存じ上げる
借りる	お借りになる	拝借する　お借りする
受ける	お受けになる	拝受する　お受けする　いただく
教える	お教えになる	お教えする　ご案内する
読む	お読みになる	拝読する　お読みする
食べる	召し上がる　お食べになる	頂戴する　いただく

● 徐々に尊敬語と謙譲語に慣れていく

　慣れてきたら、少しずつ尊敬語と謙譲語も使ってみましょう。尊敬語はじかに相手側を高める言葉、謙譲語は自分や身内がへりくだって相手側を高める言葉です。

　まず、上の表の基本的な言葉を覚えます。次に、その場にいる人たちと、会話の登場人物の上下関係を把握します。そして、上の立場の人には尊敬語を、下の立場の人には謙譲語を使うのです。

　焦る必要はありません。敬語の上手な上司や先輩をお手本にして、少しずつ敬語のボキャブラリーや使い方を増やしていけばよいでしょう。

敬語の隠れた機能「相手との距離を置く」

　敬語には、相手との遠・近・親・疎を表現する機能があります。たとえば、相手とあまり親しくしたくない場合、敬語を使えば「他人行儀」という一線が引かれ、距離をあけられるのです。そうした部分も含めて、敬語を使いこなせる人は、人間関係の保ち方が巧みな人ともいえるでしょう。

第3章　ものおじしない会話術

よく使う言い回し
ビジネスを円滑に進める洗練された言葉

① **簡潔でも礼を示せる**：礼を失せず、ビジネスを円滑に進められるよう洗練されてきたのが、ビジネス上の言い回し
② **相手との距離を縮める**：相手ともっと親しくなりたいときには、ちょっとした工夫で距離を縮められる

● 非常に便利な言葉ばかり

「いつもお世話になっております？ 今まで世話になったことなんかないよ！」と思う人もいるかもしれませんが、これは相手との摩擦を避け、人間関係を円滑にするための言葉です。上手に使えば、マイナス要素をプラスに転じたり、言いにくいことを遠回しに伝えたりできる便利ツールなのです。

また、「クッション言葉」というものもあります。相手にこれから言う内容を受け止めてもらうために、気持ちの準備をうながす言葉です。

たとえば、取引先の人に自社へ来てほしい場合、「来ていただけませんか」と直接伝えるのではなく、前に「ご足労ですが」とクッション言葉をつけると、相手は「出かける必要があるんだな」との心の準備ができ、やんわり伝えられます。

● 相手との距離を一気に縮めることも

しかし、これだけでは他人行儀で無難な対応しかできません。相手との距離を縮めるには、アレンジが必要です。

たとえば、定番の「いつもお世話になっております」の代わりに「先日は長時間お付き合いいただき、ありがとうございました」と事実を添えれば、ぐっとリアルになります。相手は「自分のことを考えてくれているな」と感じ、親近感を抱くはずです。

ビジネスでの定番の言い回し

自分の意思	用 語	使う場面
感 謝	いつもお世話になっております	最初のあいさつの言葉
	おそれいります	「ありがとうございます」よりも、かしこまったお礼の言葉
	・ご尽力いただきまして ・おかげさまで	相手の労をねぎらうときの言葉
謙 遜	・至りませんで ・気が利きませんで	自分を謙遜するときの言葉
否 定	わかりかねます	「わかりません」「知りません」のやわらかい言い方
	いたしかねます	「できません」「無理です」の婉曲表現
依 頼	お越し願えませんか	来てもらいたいときのていねいな言い方
	ご遠慮願えませんか	「やめてください」の言い換え
	何卒よろしくお願いいたします	「お願い」のていねいな言い方
承 知	かしこまりました	目上の人に使う「わかりました」
同 意	ごもっともです	「あなたの言うとおりです」のあらたまった言い方

クッション言葉　＊本来の目的を話す言葉の直前につけ、相手に心の準備をしてもらう

クッション言葉	使う場面
お手数ですが	書類記入など相手に何か（多少めんどうなこと）を頼むときに使う
・恐縮ですが ・おそれいりますが	ちょっとしたことを頼むときに使う
失礼ですが	プライバシーにかかわることを尋ねるときに使う
ご多忙とは存じますが	「忙しいのに申し訳ない」のていねいな言い方。招待するときなどにも使う
お手すきでしたら	時間をもらうときに使う。「余裕があったら」のていねいな言い方
ご足労ですが	自社などに来てもらいたい場合に使う
・あいにくですが ・せっかくですが	断るときにていねいな印象になる

第3章　ものおじしない会話術

ビジネスでの話し方
相手の興味をいかに引くかを考えて

① **キーパーソンを把握**：相手が複数の場合、いちばん影響力の強い人を中心に考えて話す。人間関係の把握がポイント

② **興味を引け**：「売上げアップ」「集客率倍増」……相手にメリットのあることから始めれば、ぐっと引き込める

● いちばん伝えるべきことは

上手に話すには、誰に向けて話しているのか、何を伝えたいのかといった点を明確にしておくことが大切です。事前にこうしたポイントを書き出し、整理しておくよう心がけましょう。

また、==忙しい人も多いので、「必ず最後まで聞いてもらえる」と思わない==こと。起承転結にこだわらないことが重要です。

結論や相手のメリットをいきなり打ち出すことで、相手の関心をぐっと引き寄せます。そこから詳細になだれ込んでいくのが王道です。

話すときには、表情や声の大きさ、トーン、話すスピードなどにも気を配るようにします。

日ごろから、場面や内容によって魅力的に見える話し方、いちばん伝わる話し方を研究しておきましょう。

NGの話し方 ×

失礼のないように……との気持ちからでしょうが、ダラダラともって回った長い修飾語は不要。事前にわかりやすくまとめておくこと

OKの話し方 ○

いわゆる「つかみ」を大切に。最初に簡潔なキーワードを投げかけて、そこで「何それ？」と相手の興味を引かせ、「じつはですね」と詳細に移る

上手な話し方をマスターするために

言葉は、声に出した瞬間から消えていきます。話すという行為は、なかなか難しいものなのです。それをふまえたうえで、できるだけ上手に話すための手段がこの3ステップです。頭の中だけで整理しながら話すより、いったん目に見える形に書き出して組み立てたほうが、話しやすいはずです。

❶ 誰に話すのか
商談などの席で、決定権がある人は誰か、誰がどの立場なのかを「見える化」する

❷ 伝える内容を吟味
ポイント、特徴、メリットなど、キーワードを書き出し、魅力的な言葉や表現を吟味する

❸ 練習を重ねる
順番や話し方を工夫しながら練習。途中でキーワードの強弱やスピードを変化させてみよう

第3章 ものおじしない会話術

● どうすれば緊張せずに話せるか

会話の唯一の上達法は「練習すること」です。ベテランアナウンサーや一流芸人といった話術のプロでも、毎日毎日飽きるほど練習しています。プロでさえそうなのですから、普通の人が緊張するのは当たり前のこと。「あがってうまく話せない」と悩む前に、やるべきことがあるはずです。

まず、何のために話すのか、目的を明確にします。プレゼンなのか、価格交渉なのか、お願いごとなのか。それが整理できたら、相手のメリットは何か、どうやって伝えるのか。話の展開までしっかり考えて練習しておきましょう。

監修者の目

究極のポータブルスキル

数あるビジネススキルのなかで、会話術ほどどこでも使えるスキルはありません。異動先はもちろんのこと、たとえ転職しても通用します。もちろん、必要な機材や荷物もいっさい不要です。まさに「一生もの」のスキルなのです。

それだけに、マスターするには多少の時間が必要です。日々のビジネスを実践的な練習の場とするだけでなく、家族との会話や友人との会話も練習の場としてください。そのなかで、魅力的なフレーズやおもしろい言葉を見つけたら、どんどん使っていきましょう。

自分の話し方を録音し、第三者といっしょに聞いてみると勉強になりますよ。

ビジネスでの話の聞き方
たとえポーズでも興味を示せ

① **話し手をノリノリに**：あいづちやうなずきなどの「聞いてるよシグナル」で興味を示すと、話し手は雄弁になる
② **理解するために問う**：ビジネスの話は、しっかりと理解することが重要。「要点は何？」と頭の中で問いながら聞くようにする

● 多彩なシグナルを送りながら聞く

　話は、ただ聞けばよいものではありません。大切なのは「きちんと聞いています」「あなたの話に興味があります」というシグナルを出しながら聞くことです。

　相手の目を見る、うなずく、あいづちをうつ、などなど。これらは相手の意見に対する肯定のサインとなり、もし、こうしたシグナルが見受けられないと、話し手は手応えを感じられず、本当に聞いているのかさえ不安になってくるでしょう。

　また、キーワードを復唱する、複雑な話なら「つまり○○と、このように理解してよろしいでしょうか？」と確認するのもいい方法です。こうした聞き方は==「理解しているよ」というメッセージとなり、話し手を気持ちよくさせる==ことができます。そうなれば話し手は雄弁になり、どんどん話が進みます。

メモをとる

数字などのデータは正確に、要点やキーワードは箇条書きにする。ただし、文字はできるだけきれいに書くこと。熱心さが伝われば、話の途中でメモをのぞき込みながら、「そこはこうだよ」と解説してくれることもある

あいづちをうつ

なるほど！そうだったんですか！

「そうですね」と相手の意見を肯定する。「そういうことですか！」と感嘆する。これらはすべて次の展開をうながすサイン。流れに合わせてバリエーションをつけるのがコツ。日ごろから使えるボキャブラリーをストックしておくのがポイント

● 不明点、疑問点はその場で質問する

ビジネスでは、話の要点をつかむことが何より重要。そのためには、話を聞くときに尋ねながら聞くことが大事です。相手は何を強調しているか、ポイントは何か、情報に漏れはないかと考えながら聞きましょう。

もし疑問があれば、必ず確認します。相手に失礼ではないかと躊躇する人もいますが、遠慮はいりません。ビジネスとして聞いているわけですから、わからないまま、勘違いしたまま進めてしまうほうが相手にとってはよほど迷惑です。きちんと不明点や疑問点を解消するのも、聞き手の重要な役目なのです。

質問するタイミングは、話がひと区切りついてから。「ちょっと待ってください」と話をさえぎると話の腰を折ることになるので、必ず区切りにしましょう。

話の要点をつかみ、記録を残すためには、メモを積極的に活用しましょう。熱心にメモをとる相手に対して、話し手は要領よく、簡潔に話そうと努めてくれます。

> **監修者の目**
>
> **聞くのはアクティブな行為**
>
> 「聞く」のは受身の行為……ではありません。じつは、とても能動的な行為なのです。この話から何が得られるのか、自分のビジネスに役立つ情報はないか、とまるで獲物を狙う肉食動物のように耳を傾ける姿勢が大切。聞き流してはいけません。この会話から必ず収穫を持ち帰るぞ、という攻めの意識が大事なのです。

第3章 ものおじしない会話術

繰り返す

「○○ですね」

キーワードをリピートするのも重要。理解していることを示すとともに、要点を確認することもできる。相手は「コイツわかっているな」と感じて、より深い信頼を抱いてくれるようになる

へりくだる

聞き逃したときは「理解が遅くて申し訳ありません」と自分の能力不足を押し出し、「もう一度お願いします」とリピートをうながす。こうすれば相手の気分を損ねることなく、聞き直すことができる

言いにくいことを伝える
あくまで人間関係。相手に合った対応を

① －言葉は＋言葉に：「今は無理」は「明日ならできる」。マイナス面をぶつけるのではなく、プラス表現に転化して伝えよう
② 相手に思いやりを：誰にでもプライドがある。ときには自分を下げ、ときにはほかの人のいないところで。相手を傷つけない配慮を

ケース1　頼まれた仕事を断る

話をいったん受け止め、「きちんとやりたいので、明日でよろしければやらせていただきたい」と、前向きな言い方で、今はできないというニュアンスを伝えます。また、「抱えている仕事はこれだけあり、納期は○○ですが、どれを優先すべきですか」と上司に判断をゆだねてもOK。

ケース2　1度聞いたことをもう1度聞く

話がよく聞こえなかったとき、相手に同じことを2度言わせるのは気が引けるもの。また、以前聞いたことを忘れてしまい、再確認したい場合もあるでしょう。どちらの場合も、「何度も申し訳ございません」「私の理解が不充分で」「記憶力が悪くて」などと、自分が悪いというスタンスをとりながら再確認を。わかったふりは厳禁です。

ケース3　取引先の依頼を断る

大切な取引先からの頼みにもかかわらず受けられないとき、すぐに断ってしまったら、次へつながりません。まずは取引先の意向を受け止め、「それは大変ですね」と共感を示します。そのうえでこちらの状況を伝え、その条件ならこうなります、と交渉しましょう。判断を相手にゆだね、条件を許容したらその範囲で仕事をすればOK。

ケース4　トラブルを上司に報告する

　トラブルを上手にフォローするには、事実を正確に、できるだけ早く、率直に報告することが重要です。時間がたつほど事態は悪化します。何が起こり、どう対処したのかを、順序立てて具体的に報告しましょう。

　自分の都合で、事実をゆがめてはいけません。素直に謝り、上司の指示を仰ぎます。トラブルへの対応を学ぶよい機会と考えてください。

ケース5　取引先にトラブルを伝える

　トラブルが生じたら、すみやかに取引先と連絡をとり、詳細を報告します。原因がたとえ委託先のミスであっても、他人事（ひとごと）にしないこと。その業者を選んだのはこちら側なので、手抜かりがあったことをお詫びします。決して感情的にならず、冷静に誠意を尽くして説明してください。相手の了承を得られたら、関係者と善後策を協議しましょう。

ケース6　間違いを指摘する

　「ちょっと確認させていただいてもよろしいでしょうか。私は○○と理解しましたが、それでよろしいですか」「先日は××と伺った気がしますが、聞き違いでしょうか」など、確認のための質問という形に変えます。相手に恥をかかせないこと、感情的にならないことが大切です。

ケース7　苦情をぶつける

　相手に対し、注意が必要なときもあります。その際は、相手の面子（メンツ）をつぶさないように配慮します。誰もいないところで「ちょっと言いにくいのですが」と、クッション言葉を使って話し始めます。それでも改善されない、あるいは、あまりにひどい場合は上司に相談し、しかるべき立場の人から警告してもらいましょう。

電話応対 〜基本〜

業務把握のため積極的にとれ

① **絶好の学びの場**：電話応対するだけで、各部署の役割や社員の担当分け、取引先や案件の進捗までわかる。業界を学ぶ最高の業務

② **ゼロから学べ**：電話を初めて扱う機器と考えて学ぶこと。目の前にマニュアルを貼って対応し、先輩のやり方を見ながら覚えよう

● 固定電話は携帯電話と別もの？

新人のうちは、電話応対に不安を抱く人が少なくありません。相手が誰かわからないうえに、取り次ぎや伝言、問い合わせなど、携帯電話にはない対応が求められるからです。

また、携帯電話に慣れていても、固定電話はまったく別ものと感じる人が多いのも事実。初めて扱う機器としてゼロから学ぶことが大切です。マニュアルのある会社も多いので、ポイントを書き出しデスクに貼っておくといいでしょう。

いずれにしても、電話は会社の窓口。対応ひとつで会社のイメージが左右されます。感じのよい印象を与えられるよう、明るくはっきりした声で、ていねいな受け答えをするのが基本です。

電話応対で覚える順番

1 電話機の操作を覚える

2 電話口での最初の名乗りを覚える
例 はい、○○社△△部の××です

3 部内の人の名前と業務内容、スケジュールの確認方法を覚える

4 部外者の名前と業務内容を覚える

＊どの段階で電話に出ても、必ず明るく、ていねいな応対を心がけましょう

基本的な電話スタイル

きれいな状態を保つ
すぐに書類が見つかるよう、電話まわりはいつもきれいに保つこと

メモを常備
そばにメモ用紙を常備し、メモをとりながら対応。取り次ぎや伝言に活用する

3コール以内に出る
それ以上待たせた場合は、「お待たせしました」のひと言を

名乗り
社名や部署名が聞き取りやすいよう、明るくはっきりと発声

「ハイ！○×会社です。」

確認
社名と氏名、連絡先の確認は必須。数字やアルファベットの場合も確認を

「さとう？」

復唱
内容に間違いがないか、最後に必ずメモを見ながら復唱して確認する習慣を

第3章 ものおじしない会話術

■ **代表電話の取り方**

「はい、○○社です。××が承ります」など、会社ごとに名乗り方を決めている場合が多いので、ルールにしたがって応対。代表電話は会社の窓口です。初めてかけてくる人が多いので、ていねい＆臨機応変な対応を。

■ **直通電話の取り方**

所属している部署に直接つながる外線のこと。自社名や部署名は、言い慣れると早口になりがちなので、滑舌よくゆっくりめをキープしましょう。部内の取引先や担当者を把握しておくと、スムーズに対応できます。

■ **内線電話の取り方**

相手が部署名を確認できるよう、忘れずに名乗ります。社員どうしなので、「お疲れさまです」のひと言を添えるのがベスト。ゆくゆくは、踏み込んだ内容にも対応できるようになりましょう。

電話応対 ～かけ方～

たかが電話、では×
準備してからダイヤルを

① **タイミングを考えて**：原則、就業時間内にかける。ただし、昼休みや始業直後・終業直前などの忙しい時間はできるだけ避ける

② **手短にわかりやすく**：電話は、相手に作業を中断してもらう行為。よけいな時間をとらないよう、事前に要点を整理してからかける

● 相手への心配りが必要

電話をかけるということは、相手の仕事を中断させ、貴重な時間を割いてもらうということ。そのため、よけいな時間をとらせないよう、用件を的確に、手短に伝えるのがポイントです。

それには「何のための電話なのか」を明らかにしておく必要があります。事前に用件をまとめてメモにし、必要な資料は手元に準備しておきましょう。

相手が電話に出たら、社名と部署名、自分の名前を名乗ります。「今、お時間よろしいですか」と相手の現状を確認したうえで、用件に入ります。

また、相手への気づかいとして、昼休みや忙しい時間帯などは避けるのがマナー。やむを得ず就業時間外にかける場合は、「時間外に申し訳ありません」と非礼をひと言お詫びしてから、話し始めましょう。

電話応対の必須アイテム

- 電話内容をメモする用紙
- 筆記具やスケジュール帳など
- 説明に必要な資料・書類
- 用件・データなどをまとめたメモ

注意して！
- 携帯電話はマナーモードか電源をオフに
- 同行者をともなうアポ取りでは、同行者のスケジュールも把握しておく

電話のかけ方　基本の流れ

ダイヤル

あいさつ
- 例 私、○○社の××と申します。いつもお世話になっております

取り次ぎを依頼
- 例 △△課の□□様はいらっしゃいますか
- 例 △△課の□□様をお願いしたいのですが

相手が在社の場合

あいさつ
- 例 □□様でいらっしゃいますか。
  ○○社の××です。
  いつもお世話になっております

用件
- 例 さっそくですが、〜の件で……

あいさつ
- 例 では、失礼します

相手が不在の場合

折り返し連絡する、相手からの連絡を待つなど適宜判断

❶ かけ直し
- 例 何時ごろ、お戻りでしょうか。
  では、またお電話させていただきます

❷ 折り返しを依頼
- 例 □□様がお戻りになりましたら
  折り返しお電話をいただけますか

❸ 伝言を依頼
- 例 伝言をお願いできますか
- 例 電話があった旨、お伝えいただけますか

あいさつ
- 例 では、よろしくお願いいたします

受話器を置く
- 基本的に、かけたほうが先に切る
- 相手が目上の人、重要な取引先の場合は先方が切るのを待つ
- ＊フック（受話器を置く部分にあるボタン）を反対の手の指先でやさしく押してから受話器を置けば、相手に「ガチャン」という音を聞かせずにすむ

第3章　ものおじしない会話術

こんなときどうする？　間違い電話をかけてしまったら

電話番号自体の間違いと番号の押し間違いがあり得ます。「恐縮ですが○○○○様におかけしたつもりだったのですが……間違えてしまいましてご迷惑をおかけしました」と謝り、「おそれいります。番号を確認させていただきます。×××××－××××番ではございませんね？」と確認します。

電話応対 ～取り次ぎ～
覚えれば簡単 新人のメイン業務

① **正確さが基本**：名前が佐藤か加藤かだけでも大きく違う。用件はもちろん、名前も数字もきちんと聞き取り正確に伝える

② **相手を待たせない**：保留のまま何分も待たせないよう、スムーズに担当者へ取り次ぐ。または、折り返し電話する旨伝えよう

● 最初の半年はほとんどが取り次ぎ電話

対応は、大きく3つに分かれます。自分あての電話、担当者への取り次ぎ、担当者の不在です。しかし、担当先を割り当てられるまで、自分あてのビジネス電話はほとんどありません。大半が取り次ぎと担当者不在の対応となります。どちらにしても、正確に用件や情報を聞き取り、担当者へ伝えるのが仕事です。

取り次ぎのポイントは、まず「誰あてで、どこからか」を正確に聞き取ります。日本語では、個人名でも会社名でも同音異義語が多いので、要注意。不安なときには、「もう一度お願いします」と確認することが大切です。また、会社によっては「どのようなご用件でしょうか」と、用件まで聞くルールになっているところもあります。

取り次ぎの基本

1 相手の社名と名前を確認する

「☆☆社△△部の□□様ですね」

社名・部署名・氏名、誰宛てか、相手が用件に触れたときには内容を聞き、必ず復唱して確認

2 保留ボタンを押す

「少々お待ちくださいませ」

送話口を手で押さえただけでは聞こえてしまうおそれがある。必ず保留にしてから取り次ぐ

3 担当者が在席していることを確認して取り次ぐ

「××さん、☆☆社△△部の□□様からお電話です」

逆に取り次がれた場合は「ありがとうございます」と言ってすみやかに受話器をとる

取り次ぎの流れ

```
受話器をとって、相手の会社名、名前などを確認する
          ↓
    保留ボタンを押す
  時間がかかりそうなときは折り返すなど、臨機応変に
```

部内(課内)の場合

- 在社の場合
  - 例 ××さん、☆☆社の□□さんからお電話です
  - ↓
  - 担当者が受話器を引き取り通話ボタンを押したことを確認

- 不在の場合 ※
  - ↓
  - 例 ××はただ今、外出しております

別の部・課の場合

- 内線を回す
  - 内線番号表を見ながら、間違えないように
- 内線の相手が出る
  - 例 ☆☆社の□□様から、××さんにお電話です

  - 不在の場合 ※
    - 電話を引き取ってくれない場合
      - 不在担当者の現状(外出なのか会議なのかなど)と戻り時間を聞いておくこと
    - 内線相手が電話を引き取ってくれたら
  - 在社の場合
    - 内線相手の承諾を確認できたら

受話器を置く
＊電話を切るときは、相手が電話を切ったことを確認してから受話器を置く

※担当者不在の場合は104〜105ページを参照

こんなときどうする？ 相手が名乗らない場合

「××さん、いる？」とだけ言って、相手が名乗らない場合があります。電話では最初に名乗るのが礼儀。名乗らない相手に名前を聞いても失礼ではありません。「失礼ですが、お名前を伺ってもよろしいでしょうか」と尋ねましょう。それでも名乗らなければ、「お名前をお伺いできない方はお取り次ぎいたしかねます」と毅然とした対応を。

第3章 ものおじしない会話術

電話応対 〜担当者不在〜
不在時の対応は3パターンだけ

① **不在の理由を知る**：対応のしかたは不在の理由ごとにほぼ決まっている。不在理由を知れば、受け答えはさほど難しくない

② **判断をゆだねる**：「折り返しご連絡差し上げましょうか」のひと言で、「かけ直してもらう」「折り返す」「伝言」の3パターンに帰結する

● 相手の都合とこちらの状況をふまえて決断

　担当者が不在の場合は、電話を受けた人が責任をもって対応しなければなりません。会議中や外出中、休暇中など、さまざまな状況があり、新人にとっては非常に不安を感じる業務でしょう。

　しかし、不在の理由によって受け答えのパターンは決まっています。いずれのケースも、結果的には3種類の対応に落ち着くのです。つまり、「電話をかけ直してもらう」「こちらから折り返し電話する」「伝言を受ける」の3パターンです。このなかから相手の希望とこちらの都合を考え合わせて、最適な方法を選択します。

　この基本さえ押さえておけば心配無用。メモをとりながら必要な情報を聞き取り、最後に「××が承りました」と自分の名前を伝えれば終了です。

● 対応のしかたがわからないときは先輩に聞こう

　担当者不在時にいちばん困るのが、トラブルなどを伝える緊急電話や、相手が複雑な内容を話してくる場合です。こうしたイレギュラーが生じたら、一時保留にして、すぐ上司や先輩などに相談しましょう。仕事内容を知っていたり、よい対応策があったりします。ひとりで抱え込まないことが大切です。

　万一、周囲に誰もいなくて対応がわからない場合は、折り返しの連絡先と名前、用件の概要を押さえ、「わかる者が戻りしだい折り返しご連絡いたします」と伝えましょう。

ケース別 不在対応の基本

ケース1 席はずし

担当者が席にいないときは、予定表などで社内にいることを確認してから、「申し訳ありません。××はただ今、席をはずしております」と答え、理由は言わないようにします。戻り時間がわかる場合は、それも知らせしましょう。

ケース2 会議中

「ただ今会議中で、○時に終わる予定です」と伝え、会議終了後に伝言します。緊急の場合は、①保留にして内線で電話を回してよいか確認する、②電話を切ったのち、会議室へ行ってメモを渡す。このどちらかで対応すればOKです。

ケース3 外出中

「××は外出しておりまして、○時に戻る予定です」と伝えます。外出先から戻らない場合は「本日は戻らない予定です」と恐縮する感じを込めて伝えます。いずれも、折り返し電話の要不要や伝言の有無を必ず聞きましょう。急ぎの場合は、担当者の携帯電話へ一報を。

ケース4 退社後

「××は、あいにく会社を出ておりますがいかがいたしましょうか」と尋ね、相手の判断にゆだねます。緊急でない場合は、本人から翌朝電話させる旨を伝えます。急ぎの場合は、連絡がとれるようなら一報を入れましょう。

電話応対 ～担当者不在～

ケース5 出張中

「××は○日まで出張しております」と答え、出社予定日を伝えます。出張先は知らせないようにします。重要な案件や急ぎの場合は、別の人に代わるか、いったん切ってから出張先まで連絡するか、上司に判断を仰ぎましょう。

ケース6 休暇中

「××は本日は休みをとっております」と告げ、出社しだい折り返し連絡させることを伝えます。数日にまたがる休暇の場合は出社予定日を知らせます。重要案件の場合は、ケース5と同様の対応をとってください。

ケース7 退職している

「申し訳ございません。○○は×月をもって退職いたしまして……△△と申す者が現在の担当者となりますが、おつなぎいたしましょうか」と、新担当者に取り次ぐかどうかを相手に尋ねます。退職後の連絡先を聞かれても教えてはいけません。

こんなときどうする？

❶ 緊急時
内容によっては、どうしても本人でなければならないこともあります。その際は「至急連絡をとり、折り返しお電話を差し上げるよう申し伝えます」と告げ、すぐに担当者と連絡をとります。何度か集中的に連絡を試み、ダメだった場合は、その旨を先方に連絡します。

❷ 連絡先を教えてほしいと言われたら
出張先はもちろん、携帯電話の番号も本人の承諾なしに教えるのはNG。相手の連絡先を聞いたうえですみやかに担当者と連絡をとり、折り返し電話をするよう伝えます。

伝言の残し方

メモと口頭
二段構えで確実に

伝言メモのポイント

❶ **いつ電話があったか**

❷ **誰あての電話か**

❸ **どこからの電話か**
　先方の社名・部署名・氏名・連絡先

❹ **どんな用件か**
　できるだけ簡潔に

❺ **誰が電話を受けたか**
　確認したいとき、誰に聞けばいいかわかるように

```
伝言メモ
　　月　日( )　時　分 ❶
　　　　　様 ❷　　　　受け ❺
　　　　　　　　　　　様より ❸
□電話がありました
□折り返し電話をください
□また電話します
□伝言あり ❹
メモ
```

第3章　ものおじしない会話術

● **正確にメモし、確実に伝える**

　いつも近くにメモを用意し、電話を受けたら必ず記録する習慣をつけましょう。

　上の例を参考に、端的にわかりやすく書くのがポイント。相手の社名・氏名・連絡先は必須。とくに間違えやすいのは、日付・時間・数量などの数字、同音異義語やアルファベットなどです。そのつど確認しつつ、最後に復唱して、もう一度確認します。

　電話を切ったあとは、自分の名前を書き添えて、担当者の机に置きます。本人が戻ったら、電話があったことを口頭でも伝えましょう。確実に用件が伝わるよう留意することが重要です。

よりリアルなメモが喜ばれる

　伝言メモは、デスクの中央やパソコンのモニターなどの目立つ場所に置きます。付箋に書いて貼る、あるいは重しを置くなど紛失しないよう心がけましょう。

　また、「お急ぎのよう」「お怒りぎみ」など、相手の様子も書き添えるのがベスト。担当者が状況を把握しやすくなり、迅速に対応できます。

クレーム電話の基本
苦情には誠意をもって適切な対処を

① **謝るのは最初だけ**：原因がわかるまで、むやみに謝らない。最初に電話という手間に対する謝罪をし、あとは誠心誠意対応する
② **適切な対処法を探す**：原因が判明したら、ときには上司を巻き込んで対処法を探ること。独断専行は傷口を広げるだけ

● 問題を明らかにし適切な対策を講じる

　何に対する謝罪なのかを明確にすることが重要。まずは、何らかの理由で相手の気分を害し、クレームという手間をかけさせてしまったことに対して、お詫びします。そこからゆっくりとクレームの内容を明らかにしていくのです。決してさえぎらず、とにかく気長に聞くことです。
　ポイントを復唱しながら整理し、原因がわかったら、最適な対応策を検討します。すぐに解決できない場合は、連絡先を聞いてあらためて連絡する旨を伝え、いったん切ってから上司などに相談しましょう。また、困ったときには、上司や先輩に助けてもらうことも大切。
　最後は、「何かありましたら、いつでもご連絡ください」と締めくくります。

NG クレームへのNG対応

　クレーム電話の最中は、決して感情的にならないことが重要です。時間がかかることを覚悟し、以下のポイントに注意しながら、ていねいな口調で話を進めましょう。時間がたつほど相手も冷静になってくるはずです。

NG対応
- 電話を保留にしたまま長時間待たせる
- 相手の話をさえぎり、こちらの言いぶんを話す
- 先方に問題がある、または、誤解だと反論する
- 横柄な態度で対応する
- 怒ったり泣いたり、無言になったりする

クレーム対応の要点

❶ 謝罪する

まずは不愉快にさせたことを謝罪。むやみに謝ると全面肯定に。逆に、頑(かたく)なに謝罪を拒否するのも間違いです。

❷ 原因究明

じっくりと話を聞き、クレームの内容やトラブルの原因・状況を正確に聞き出すことが、適切な対策につながります。

❸ できること・できないことを明確化

相手の言葉を復唱しながら冷静に問題を整理し、自社でできることと、できないことを分けていきます。

❹ 対処法を考える

原因がわかったら対策を考え、その場でできることはすぐに実行。時間がかかる場合は、その旨、了承を求めましょう。

こんなときどうする？　相手が理不尽なとき

相手が無理な要求や理不尽なことを言ってくる場合は、「お電話を録音させていただいております」のひと言を。相手を冷静にさせる効果があります。また、なかなか電話を切ってくれない相手には、「お話しが長くなりましたが、お時間は大丈夫ですか」と配慮する言い方を。

第3章　ものおじしない会話術

携帯電話の使い方

商談中に鳴ったら？
相手のことを考えて

① **相手への充分な配慮を**：移動中や商談中かもしれない、忙しくないかな……固定電話以上に相手への配慮を忘れずに
② **電波は不意に途切れる**：携帯電話はプツプツ会話が途切れることも。重要な用件や複雑な話はミスリードのもとになるのでNG

● 固定電話以上に相手への配慮を

　携帯電話でも基本的な応対は固定電話と同じです。しかし、相手は商談中や移動中の場合もあるので、よりいっそう配慮する必要があります。

　まず、初めての相手先へは、会社の代表電話にかけるのが鉄則です。ただし、一度会っていて、名刺に携帯番号が記載されていれば、次回からはOKと考えてよいでしょう。

　しかし、どんなときでも一度は相手の会社にかけて、連絡のつかないときにだけ携帯電話へかけるようにするのがルールです。そして、必ず静かなところからかけ、「今、よろしいでしょうか」と相手の状況を確認してから話し始めます。

　また、携帯電話は電波状態によって、プツプツと途切れることもあります。聞き取れない言葉や聞き間違いを生じやすいので、込み入った話や重要な用件の場合は極力避けましょう。

● いきなり携帯電話にかけてもいい？

　基本的には相手の許可さえあればOKです。商談後など、事前に確認しておくとよいでしょう。緊急時でやむを得ない場合は、手短に相手の状況（移動中・商談中など）を確認するのが先決です。

　問題のない状態であれば、そのまま詳細を話しましょう。無理な状況であれば、緊急であることを伝え、折り返し連絡をもらえるよう伝えます。

かけるとき・受けるときの注意

- 忙しい時間帯かな？
- 商談中じゃないかな？
- 電波の届くところにいるかな？
- 移動中かもしれない…
- 仕事の電話だからきちんとしないと！
- ここはうるさいな。もっと静かな場所で……

第3章 ものおじしない会話術

監修者の目

事前確認がこれからのマナー

日本の携帯電話の普及率は、ほぼ1人1台弱。驚異的な数にのぼります。これほど携帯電話が普及していると、オフィスをもたない人や固定電話を撤廃している会社もたくさんあります。まさにケースバイケースの対応が求められる時代です。

ビジネスシーンでは、営業担当者など外出の多い人もいるので、携帯電話のほうがつながりやすいといえます。

あらかじめ、どちらに連絡すればよいか確認しておくことが、これからのマナーになってきます。

コラム
監修者の独り言

よく聞く若手は成長が早い

　よく「できるビジネスパーソンに見せる」などというフレーズを見かけますが、そんなことに意味があるのでしょうか。「見せる」であれば、本当はできていないということです。それはモテたい人だけでいい、わからないのにわかったようなふりをする……そんなことにまったく意味はありません。最初はわからなくて当たり前なのです。恥をかきたくないとか、「そんなことも知らないのか」と思われたくない！　そんな格好はつけず、わからないことは、どんどん教えてもらったほうがいいですよ。

　メジャーリーガーのイチロー選手も松坂投手も若手のころは、コーチや先輩にしつこいくらい聞きまくっていたそうです。貪欲なまでに吸収する意気込み、どんどん成長したいという気持ちが強かったのでしょう。上司や先輩にとって、そんな若手は「手間がかかるヤツだ」と思いつつも、かわいく感じるものです。

　「よく聞く人は成長が早い」といわれますが、それは事実です。どんどん聞きまくって知識や情報を身につければ、できる仕事が増えていきます。また、上司や先輩の役に立つ人間になることで、いろいろ教えてもらったお返しができるはずです。もちろん、それは会社にとってもいいことといえます。早く会社の戦力になるからです。

　入社早々であれば、失敗しても「入社したばかりで、慣れていないもので……」との初々しい言い訳が通用します。しかし、それは年数が増すにつれ、許されなくなります。ならば、若いうちは恥をかくことをおそれず、どんどん聞いてしまったほうがいい、それがけっきょくは自分のため。そう思いませんか。

第4章

接客・訪問に役立つ 対顧客マニュアル

初対面でも大丈夫！
商談・接客がソツなくこなせる
段取り&マナーをシーン別に解説。
意外と簡単なノウハウで、即日実践できる

●高橋書店編

来客応対の基本
会社のイメージは来客の応対しだい

① **明るくていねいに**：来訪者は、すべて会社の大切なお客さま。出迎えるときは「自分は会社の顔」という意識で対応する

② **取り次ぎは迅速に**：お客さまは待たせないのがマナー。名前や用件を確認したら、てきぱきと担当者へ連絡し、ご案内する

● 気持ちのいい接客態度が会社のイメージアップに

会社にはさまざまな人が訪れます。アポのある取引先や出入りの業者、飛び込みのセールスパーソンなど、お客さまの立場はそれぞれです。その人たちが最初に接する社員は、会社の玄関であり、会社の「顔」。どんな人にも分けへだてなく、明るい笑顔でていねいに対応するのが基本です。たとえ面会を断るケースでも、不愉快な態度で接すると会社全体の評判を落とすことにつながります。誠実な対応を心がけましょう。

また、人は待たされると居心地が悪くなるもの。お客さまをお待たせしないことも大切なマナーです。

来客一人ひとりに気を配り、迅速に対応しましょう。やむを得ず待たせてしまった場合は、「お待たせして申し訳ございません」とひと言添えてください。

応対手順の基本

❶ あいさつ
お客さまに気づいたら笑顔で立ち上がり、あいさつを。席から遠い場合は近づいて

> いらっしゃいませ

❷ 確認
社名・名前・面会相手を確認し、「お約束でいらっしゃいますか」とアポを確認

❸ 連絡
お客さまに「少々お待ちください」と告げ、担当者へ連絡

> 田中課長、A社の鈴木さまが11時のお約束でお見えです

❹ 案内
担当者の指示にしたがった案内をする

> 田中がこちらに参りますので、おかけになってお待ちください

ケース別 応対例

ケース1 初めてのお客さま

まずは社名と名前を聞くか、名刺交換を。次に、適切な担当者に取り次ぐため、必ず用件を聞きます。その後、担当者に社名と名前、用件を伝え、指示を仰ぎましょう。

ケース2 アポなしのお客さま

社名と名前を聞き、担当者に連絡して指示を仰ぎます。不在の場合は、お客さまに別の社員でよいかを尋ね、用件を確認して担当部署へ連絡し、指示を仰ぎます。

ケース3 来客が重なったとき

お客さまに不公平に思わせないよう先着順に応対。お待ちいただく方には「申し訳ございません。すぐにお伺いいたします」と声をかけ、のちほど「お待たせいたしました」と謝罪しましょう。

ケース4 飛び込みのセールスパーソン

担当者が「会わない」と言ったら「○○は会議中です」とやんわりと断ります。社内で断る決まりがあれば、「申し訳ございません。こういったご用件はお断りしております」と、ていねいに伝えましょう。

こんなときどうする？

❶ 書類などの受け渡しを頼まれたら
社名、名前、書類の内容物と渡し先の部署、担当者名を復唱して確認。「△△部の吉田がお預かりいたします」と自分の名前を伝えます。名前を伝えると、責任の所在がはっきりし、相手に安心感を与えられます。

❷ 約束をしていた担当者が不在
担当者がすぐ戻る場合は、応接室へ案内し「申し訳ございません。もうしばらくお待ちください」と謝罪して退室。遅くなる場合は事情を説明して謝罪し、代理の人に対応してもらうか、待っていただけるかをお客さまに尋ねます。

第4章 接客・訪問に役立つ対顧客マニュアル

案内の手順
お客さまへ細やかな気配りを

① **相手のペースに合わせる**：慣れない場所にいるお客さまへの配慮が大事。歩くペースは、相手の歩調を見ながら調節して
② **歩行中も位置を守る**：「位の高い人が上座」がルール。室内や車内同様、廊下やエレベーターにも上座はある

● お客さまをまごつかせないスムーズな案内を

まず、自社内はお客さまにとって不慣れな場所だということを意識しましょう。最初に「4階の会議室にご案内いたします」と行き先を告げてから歩き出すと、道順や行き先に対する不安感がやわらぎます。

なお、案内中は相手のペースに合わせ、手で道順を示しながら2、3歩先を歩くのが基本です。

廊下や階段、エレベーター内でも席次は決まっています。お客さまは上座、案内する側は下座にいるのがマナー。また、お客さまの正面に立たないよう配慮しつつ、途中で世間話などをしてリラックスしてもらう気配りも大切です。

案内の手順

❶ 行き先を告げて案内に立つ

「お待たせいたしました。2階の応接室へご案内いたします」と、行き先を告げます。お客さまが大きな荷物を持っている場合は、「お荷物をお持ちしましょうか」と心配りを。

自分で持ちたい人もいるので、断られたら重ねて申し出なくてもOKです。

「お持ちしましょうか」

❷ 2、3歩先を歩く

廊下では中央が上座、下座は右端。お客さまの右斜め前、2、3歩先を、お客さまと歩調を合わせながら歩く。==自分の体でお客さまに圧迫感を与えないよう、やや斜め前へ==。途中、さりげなく天気などの世間話をして、場をやわらげる心配りを。

案内中のマナー

■ エレベーター

① お客さまを先に
乗り降りは「開く」ボタンを押したまま、お客さまを先に。混んでいたら、やり過ごして次を待つ

② 奥へ案内する
エレベーターの上座は出入口から遠い奥。いちばん下座は操作盤の前。お客さまは奥へ案内

③ 背を向けない
自分は下座の操作盤前。お客さまに背を向けるのは失礼になるので、立つ向きを変える

■ 階段

① 手すり側へ案内する
歩きやすい手すり側が上座。お客さまに手すり側を指し示し、上座へ案内する

② ひと声かけて先導
「お先に失礼します」
男性の案内者が女性のお客さまの下を上るのはNG。ひと言断り、先に上る。男性のお客さまなら後ろからでOK

③ 下りるときも前に
上から見下ろされながら階段を下りるのは、イヤなもの。お客さまの前を歩く

こんなときどうする？

① 廊下を曲がるとき
右に曲がるときは右の手のひらで示し、「こちらです」とひと言添えます。相手に何かを示す際、手のひらを上に向けるのは、「何も武器を持っていません」のサインです。

② 段差があるとき
段差を示し「段差があるので、お気をつけください」と注意をうながします。

第4章　接客・訪問に役立つ対顧客マニュアル

席次 ～部屋編～
上座は奥！または上等なイス

① **席次を把握する**：席次は、「出入口から遠いほど上座」が原則。自社の応接室や会議室の席次は、ふだんから把握しておくこと

② **イスの配置に注意**：イスにも形によって格があるので、席次にふさわしいものを。必ず事前に確認し、配置が違っていたら正す

● その場にいる人の上下関係をあらわす

席次はその場にいる人の上下関係をあらわします。そのため、間違えるのは役職を無視するのと同じこと。お客さまには上座をすすめ、迎える側は下座に座りましょう。

「出入口から遠いほど上座」が席次の原則。人の出入りがなく、落ち着けて冷暖房も効きやすいからです。しかし、ロッカーや荷物の配置などによっては、逆に雑然として落ち着かない場合もあります。

そんなときには、いちばん眺めのいい席を上座としてもよいでしょう。その際は、あらかじめ上座に格の高いイスを配置しておきます。自社内であれば、ふだんから応接室の席次を覚えておくことが大切です。

応接室・応接コーナーの席次

＊小さい数字ほど格上

■ 応接室

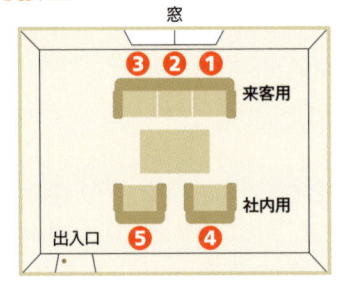

出入口からいちばん遠い席が上座。3人がけの長イスの場合、出入口から遠い順に席をすすめる。お客さまが遠慮して手前に座った場合は、「こちらへどうぞ」とうながすとよい

■ 応接コーナー

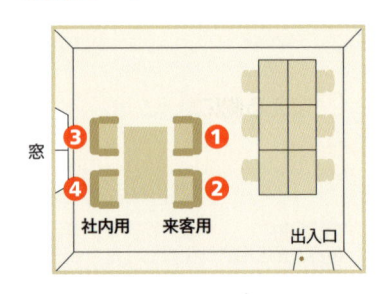

配置的には上座でも、雑然とした事務机が見えるのはNG。窓の見える側の席を上座として、お客さまにすすめる。そこに格の低いイスを置いている可能性もあるので、事前に確認しておくこと

応接室への案内

❶ 部屋の前に到着

「こちらでございます」

部屋の前に着いたらドアをノック。使用中なら「申し訳ございません」と、すぐに別の応接室へ案内する

❷ 室内のチェック

室内の状況を確認し、お客さまを通す。掃除されていない場合は、「申し訳ございません。少々お待ちください」と自分だけ入室し、すぐに片づける

❸ お客さまを部屋に通す

ドアが外開きの場合は戸を大きく開き、お客さまを先に。内開きの場合は、先に入室してからドアを押さえ、お客さまを通す

❹ 上座をすすめる

「こちらにおかけになってお待ちください」

担当者がいる場合は「失礼します」と会釈して退室。いない場合は、上座をすすめ「○○はすぐに参りますので、少々お待ちください」と会釈をして退室。担当者へ連絡する

こんなときどうする？

社外で迎える側になった！

あらかじめ、その場の席次を確認しておくこと。貸しスペースなら奥、和室なら床の間の前が上座。イスにも格があるので、ホテルのロビーなどではイスの形状で上座を判断するといいでしょう。

マメ知識

イスの格はここで判断

ゆったりくつろいで座れるイスほど上座。お客さまが1人でいらしても、ゆっくりくつろげる長イスをおすすめしましょう。

イスの格づけ

上座	背もたれ、ひじかけのある長イス
↕	背もたれ、ひじかけのある1人用イス
下座	背もたれ、ひじかけなしの1人用イス

第4章 接客・訪問に役立つ対顧客マニュアル

席次 ～乗り物編～
安全性と快適性
相手の好みで判断を

① **基本は「安全・快適」**：安全性と快適性によって決まっている乗り物の席次。自分と相手、運転者の立場を把握するのがポイント
② **相手の好みを優先**：「乗り降りのラクな座席がいい」など、乗り物の席には好みもあるので、お客さまや上司の嗜好を察して対応を

● 席次はあるけど対応は臨機応変に

　出張や外出などでお客さまや上司と移動する場合、知っておきたいのが乗り物の席次です。
　乗り物の席次は、安全性と快適性で決まっています。とくに乗用車の場合は安全性重視で、後部座席の運転者側が最上位です。ただし、同行者が運転する場合は、運転者への気づかいから助手席には同格の人が座る場合もあります。また、列車や飛行機では景色のいい窓側が上座で、通路側が下座です。
　しかし、これらはあくまでも基本。お客さまや上司の好みがあれば、そちらを優先させましょう。座席が汚れているなどの場合は、「変わりましょうか」と申し出る気配りも大切です。

車の席次

＊小さい数字ほど格上

■ タクシーの場合

❹　運転手
❷ ❸ ❶

　後部座席の運転手側がいちばん上座。3人で乗る場合は、下座の助手席に座る人が行き先を告げ、支払いをおこなう。4人で乗る場合も同様だが、後部座席の真ん中が窮屈な場合もあるので気づかいを

■ お客さまが運転する場合

❶　運転者
❸ ❹ ❷

　運転者への敬意が必要なため、助手席には同格の人が座る。お客さまが最上位なので、同行のお客さまがいればその方を、遠慮された場合は自社側の最上位の人を助手席に。上司の運転する車に自社の社員だけで乗る場合も同じ

列車・飛行機の席次

列車や飛行機の座席は2列シートから3列、4列とさまざまですが、基本を知っていれば迷いません。

＊小さい数字ほど格上

■ 向かい合わせに座る列車

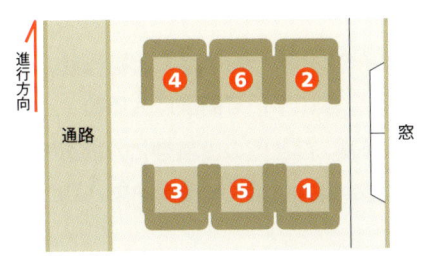

眺めのいい窓側が上座で、進行方向側が最上位。居心地がよく、乗り物酔いもしにくいとの理由からです

■ 横並びに座る列車・飛行機

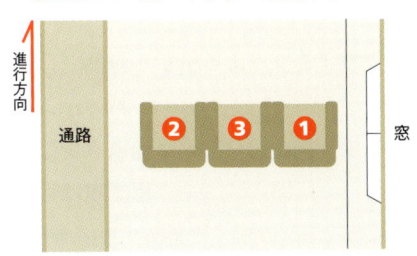

窓側が上座。中央の席よりくつろげる通路側が次席。中央の席が2席以上ある場合は、窓に近いほど上座

こんなときどうする？

❶ 列車・飛行機・バスで離れた座席に座るとき

列車では、車両の真ん中付近の席が上座。飛行機ではコクピットに近い座席、バスでは運転席に近い席が上座。

❷ 上司の運転する車にお客さまと乗る

まずはタクシー同様の優先順位で席をすすめます。お客さまが運転者である上司に気づかって「助手席で」と申し出た場合は、その厚意に感謝し、助手席に乗ってもらいましょう。

❸ お客さまの運転する車で上座をすすめられた

恐縮して一度は辞退するのもマナーですが、固辞しすぎるのもかえって失礼にあたります。お客さまの指示された座席に座りましょう。

❹ 7人乗り乗用車に乗る

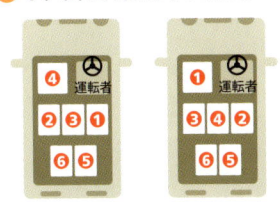

「最後列の2席が助手席よりも下座」、誰が運転者でもこれは変わりません。あとは乗用車と同じ考え方。運転手つきならばタクシーと同じ（イラスト左）、お客さまが運転する場合と、上司の運転で身内だけが乗車する場合は、助手席がもっとも上座（イラスト右）になります。

第4章　接客・訪問に役立つ対顧客マニュアル

来客をもてなす基本
すてきな笑顔と
思いやりを忘れない

① **タイミングよく出す**：お茶出しのベストタイミングは、お客さまと担当者の あいさつが済んだあと、席について商談に入る前

② **席次順に右側から**：お客さま側の上座から下座、自社側の役職順に。お茶を 出す際は相手の右側から。書類の近くには置かないこと

● ぎこちない印象を与えないように

もてなしのしるしとして出すお茶には、場の雰囲気をやわらげる効果もあります。お客さまへの礼儀作法を守ることは大切ですが、緊張のあまりぎこちなくなると逆効果。にこやかな笑顔でおもてなししましょう。

また、夏場などは、熱いお茶にこだわる必要はありません。アポ当日の朝、アイスコーヒーやアイスティーなどを用意しておき、氷入りのグラスで出すのも、おもてなしのひとつです。

なお、お茶菓子を出す場合は、お菓子→お茶の順で出します。その際は、おしぼりも必須。フォークやスプーンはお皿の手前に。==置く場所は、お客さまの左からお菓子→お茶→おしぼりの順==です。

飲み物の淹れ方・出し方

煎茶の淹れ方

1. 沸騰した湯を人数ぶんの茶わんに入れて温める
2. 急須に茶葉を入れる。茶葉の目安は、大さじ1杯×人数
3. 茶わんのお湯を急須に入れてふたをする
4. およそ1分ほどでお湯が適温（70〜80℃）になる
5. 香りや色が均一になるよう順番に少しずつ八分目まで注ぐ

コーヒー・紅茶の出し方

1. カップを持ちやすいよう持ち手を右にしてソーサーに置く
2. ソーサーの手前側に砂糖とミルクを添える。スプーンは柄を右にして置く
   ＊砂糖とミルクは、人数ぶんをまとめ、小鉢で出してもOK
3. ソーサーを両手で持ちお客さまの右側から出す

お茶の出し方の手順

冷たい飲み物の場合はグラスとコースターに置き換えてください。

❶ 人数を確認してお茶を淹れる

途中でこぼれても茶たくを汚さないよう、お盆上では茶わんと茶たくを別々に。また、ふきんも必ず持っていく

❷ 応接室に運びドアをノック

応接室のドアをノック。「失礼します」と声をかけて入室。入室する際は、お客さまに向かって軽く会釈する

「失礼します」

❸ お盆を置いて茶たくに載せる

サイドテーブルかテーブルの下手にお盆を置き、茶わんの底をふきんでぬぐってから茶たくの上に載せる

❹ 茶たくを両手で持って運ぶ

茶わんや茶たくに柄がある場合は、柄がお客さまの正面を向くよう合わせる。茶たくを両手で持って運ぶ

❺ お客さまの上座からお茶を出す

上座にいるお客さまから順に、右側から出す。次に自社の役職順に。書類があるときはひと声かけてから、あいている場所に

「こちらでよろしいですか」

❻ 出し終わったら退室

お盆を持ち、「失礼いたしました」と会釈して退室。商談が始まっている場合は、会釈だけでOK

「失礼いたしました」

こんなときどうする？ どこまでがお見送り？

お見送りは、お客さまへの敬意のあらわれ。ほかのフロアに立ち寄らせないセキュリティ上の理由もあります。自社ビルの場合は、会社の出口でお客さまが見えなくなるまでお辞儀で見送ります。複数の会社が入っているビルでは、エレベーター前までです。ドアが閉まるまでお辞儀を続けます。

第4章 接客・訪問に役立つ対顧客マニュアル

アポイントメントの基本
お客さま訪問の第一歩

① **確認事項をリスト化**：事前に自分と同行者のスケジュール、訪問先の住所などを確認。候補日を数日確保しておくとスムーズ

② **復唱して確認**：日程が決まったら、日時や訪問人数などを復唱して確認。すぐスケジュール帳に書き込み、同行者に報告する

● アポ取り前後のスケジュール管理が大切

　営業や商談などで他社を訪問する場合は、アポイントメント（以下、アポ）を取りつけるのがマナーです。突然の訪問は相手にとってきわめて失礼なうえ、外出していて留守のときは、徒労にならないとも限りません。

　アポ取りは電話連絡が基本です。希望日の1週間前までに電話して、自分の会社名・氏名、訪問の目的と人数を伝えます。

　事前に複数の候補日を設定しておき、相手の都合を聞きながら双方都合のよい日時に決めましょう。なお、同行者がいる場合は、同行者のスケジュールまできちんと把握しておくことが大切です。

アポ取りの準備

用意するもの

- アポの確認リスト
- 案件の概要をまとめた紙
（電話中の質問に答えるため）
- スケジュール帳
（同行者の予定も把握）
- 地図・路線図
（初めての訪問先は、住所や道順を確認）
- メモ
（必ずメモをとりながらアポをとる）
- 筆記具

アポの確認リスト例

相手の社名・担当者名	○○物産　営業1課　担当　山田課長
電話番号	代表：○○－○○○○－○○○○ （直通：○○－○○○○－○○○○）
住所・最寄り駅	A市B町○丁目○－○　最寄り駅（A駅） バス停「市民病院前」から進行方向へ徒歩3分
訪問の目的	新サービス「□□」のご案内
訪問人数	岡村課長と2人
候補日時・予定時間	23日午後1時〜／24日午前中／26日終日　約1時間
決定日時・場所	26日　午後1時　直接3階へ
受付	3階　営業1課入口の社内電話で山田様に連絡

＊黒字はアポ取り前に書いたもの。赤字は電話中の書き込み

電話でアポ取りする手順

電話のかけ方は100～101ページを参照。目的の相手に電話がつながったら、以下の手順でアポをとりましょう。

1 切り出し
あいさつと名乗りに続け、「さっそくですが、××の件で山田さまにお会いしたいのですが……」と切り出す

2 候補日などを伝え日程を調整
アポの確認リストを見ながら、同行人数、予定時間、アポの候補日を伝え、「ご都合はいかがでしょうか」と先方の都合を尋ねる。できるだけ候補日のなかから調整しよう

3 受付の様子（待ち合わせ方法）を確認
初めて訪問する場合は、受付の様子を必ず聞いておくこと。受付には電話が置いてあり、そこから内線で呼び出す会社も多い

4 約束の内容を確認
決まった日時や受付の様子などを復唱して確認。「○日の○時から、課長の田中と私、佐藤の2名でお伺いいたします」

こんなときどうする？

❶ 日程が折り合わない
自分の候補日と相手の予定が合致しない場合、相手の提案した日時のなかで変更できないか検討しましょう。同行者がいて予定がわからない場合は、「申し訳ありません。もう一度調整してお電話いたします」と電話を切ってから、同行者に相談します。なお、調整後の電話は早いほうが吉。したがって、同行者との相談も早急におこなう。

❷ 訪問日を変更したい
お願いした側が日時を変更するのは失礼。緊急時に限ります。訪問できないと判断した時点ですぐに連絡し、先方に詫びて理由を簡潔に説明します。その後、訪問日の変更をお願いします。

第4章 接客・訪問に役立つ対顧客マニュアル

訪問の準備

徹底した準備が成功への扉

① **社内手続きを済ませる**：資料作成や上司との打ち合わせが必要な場合も。交通費の仮払いや出張の手続きなども忘れずに

② **前日はいろいろ確認を**：訪問前日は、先方へ電話やメールで予定を再確認。資料や書類などの持参品もきちんと準備しておく

● 訪問当日の流れをイメージして準備

訪問日が決まったら、準備を始めます。初めて訪問する会社なら、相手先の事業内容や製品、経営陣、経営方針などを把握しておきましょう。商談内容によっては、資料やサンプル、見積書の作成、上司との打ち合わせなどが必要です。

また、訪問先が遠方の場合は交通費の申請や出張の届け出など、社内手続きが必要な場合もあります。確認しましょう。

前日までには、必要な持ちものをすべて準備します。訪問先までの道順と所要時間も調べておきましょう。アポをとった日からあいだがあいていれば、電話かメールで予定の再確認をしておきましょう。

当日は出発前に身だしなみを整え、持ちものをチェックします。ホワイトボードに帰社予定時間を記入するなど、外出時のルールも忘れずに。

訪問前にチェックすべきこと

訪問準備のポイント

- 訪問先の会社の情報収集
- 商談の資料作成や見本の手配
- 上司や同行者との打ち合わせ
- 出張届や仮払い申請などの社内手続き
- 交通手段と所要時間の下調べ
  （交通の便が悪い場合もあるので、時刻表なども確認）
- 持ちものリストの作成

当日の身だしなみチェック表

- ☐ 髪の乱れはないか
- ☐ 口のまわりが汚れていないか
- ☐ におい対策はできているか
- ☐ 鼻毛は出ていないか
- ☐ 化粧が崩れていないか
- ☐ 肩のまわりにフケはないか
- ☐ スーツやシャツにシワがないか
- ☐ 靴に汚れや色落ちはないか

ビジネス訪問の必須アイテム

名刺
汚れや折れをチェック。人を紹介される場合もあるので多めに用意

相手先の周辺地図
最寄り駅からの地図を用意。経路や所要時間を書き込んでおくと便利

書類・資料・サンプルなど
書類や資料を人数分用意。新規顧客の場合は、自社の会社案内も必要

時計
ときどき時間を確認。予定時間の5分前には到着するように配慮する

携帯電話
道順の確認や緊急連絡などで必要なことも。商談前には電源をオフに

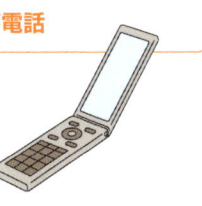

スケジュール帳・筆記具・メモ
仕事の進行を相談する際に必須の3点。打ち合わせ内容は必ずメモを

その他
訪問内容によって電卓、ICレコーダー、ノートPCなどが必要なことも

メーカーの商品に注意!!
とくにメーカーや下請け企業などを訪問する際、ライバル会社の商品を身につけていくと険悪な雰囲気に。事前にチェックしましょう。

第4章 接客・訪問に役立つ対顧客マニュアル

こんなときどうする？ 遅刻しそう……

交通機関のトラブルなどで約束に遅れそうなときは、できるだけ早く連絡を。遅くとも15分前には訪問先に連絡を入れ、お詫びとともに事情を説明しましょう。その際は、再度の遅刻を避けるため、見込みよりやや遅い到着予定時間を伝えておくのがベター。到着したら誠意をもって謝罪します。

手みやげのあれこれ
気持ちを形にして伝える

① **目的によって変わる**：訪問の目的によって品物や予算は大きく異なる。その判断基準は会社の慣例にしたがうのが基本

② **NGの品物もある**：訪問先の近所で買うのは、おざなりに見られるのでNG。お見舞いに鉢植え、お詫びに会社の粗品もNG

● 贈る相手に合った品物を考えて

初めてのお客さまに、年末年始のあいさつ代わりに、得意先をお見舞いに、クレームのお詫びに、……手みやげを持っていく機会はさまざま。自分の気持ちを形にして伝える手みやげは、人間関係の潤滑油となります。

訪問の目的によって、ふさわしい品物は変わりますが、会社に持っていく場合は職場で分けやすいものを、少人数の家庭なら高級なお菓子などを、贈り先の状況に合わせて選びます。

どんなときに持っていくか、予算はどのくらいかなどは、会社の慣例にしたがいます。なお、特別お世話になっている相手には、自費で用意するとあなたの気持ちが伝わってたいへん喜ばれます。

手みやげはこれを確認してから

たとえ数百円の手みやげでも経費は経費。ルールを決めている会社がほとんどです。予算や理由の基準はもちろん、ときには購入店まで、しっかりと事前確認しましょう。

用意するときの確認事項
- 持っていくかどうか
- 会社で決まった購入先があるか
- のし紙をつけるか
- 名目はどうするか
- 予算はどのくらいか
- 相手の好みを知っているか
- 贈り先の人数

NG こんな品はNG
- ライバル会社のお菓子・飲料・品物
- ホールケーキなど、切り分けや分配の手間がかかるもの
- 冷凍・冷蔵品（冷蔵庫がない会社も）
- においの強いもの、くせのあるもの
- 好みのある装飾品
- 4個入り、9本の花束など、「死」と「苦」を連想させる数

目的別手みやげ

年末年始のあいさつ

年末は自社のカレンダー

年末のあいさつ回りは、25日前後からスタート。「今年もお世話になりました」の気持ちを込めてあいさつ。「来年もよろしくお願いします」とカレンダーを渡します。

年始は白いタオルかお菓子で

年始のあいさつ回りは、休み明け早々から。「お年賀」ののし紙をつけた白いタオルやお菓子を持っていくのが一般的です。

大事なお得意先を訪問

職場で配りやすい品物がおすすめ

職場内で分けられて、日持ちのするお菓子が一般的。地方の名産品など、手に入りにくいお菓子なら、話題づくりの点でも◎。「お世話になっております。仕事の合間にでも、みなさまで召し上がってください」の言葉を添えて渡しましょう。

> **手みやげの候補**
> - 個別包装された日持ちするお菓子
>   訪問先のことを知らなくても持っていける、もっとも無難な品物
> - 自社の近くで買える銘菓
>   相手の嗜好がわかっているなら、あまり日持ちしないものも可
> - 地方の名産品
>   取り寄せる必要はない。旅行のついでに買っておくと話もはずむ

お詫びとして

相手の好みに合うものを

申し訳なかったという謝罪の気持ちのあらわれとして、高級感のある品がベスト。お酒の好きな人ならお酒、女性ならチョコレートセットやブランド品のハンカチセットなどでOK。

相手の好みがわかれば、それに合うものを。わからないときには、お菓子や石鹸など実用品が無難です。

お見舞いに

取引先へは果物や花が無難

果物セットや花が一般的。病気や事故は不意なことなので、訪問のタイミングに悩むところ。相手に気を使わせないよう、お見舞いの品物だけ贈るのが無難でしょう。

上司へは入院中に役立つものを

果物や花は重複しやすいので、本やCDといった入院中の退屈をまぎらわせる品物などの工夫を。突然のお見舞いや大勢でのお見舞いは、かえって迷惑。事前にご家族に連絡して、少数で行きましょう。

NG　お見舞い品のタブー

- 鉢植えの花　「根づく」が「寝つく」を連想させる
- シクラメン　「死」と「苦」を連想させる
- ツバキ　花が首から落ちるさまが不吉
- 大きな花　置き場に困る

初対面の対処法
軽い会話で心の壁を取り除く

① **警戒するのは本能**：初対面なら身構えて当然。社交的な自分を演じ、笑顔で元気にあいさつすることから始めよう

② **身近な世間話から**：天気の話や人気の店の情報など、世間話も場慣れの練習に。話題に困ったら相手に質問してもいい

● あいさつや会話の練習で自信を

　誰しも初めて会う人には身構えるもの。それが仕事関係者となればなおさらです。しかし、会話は人間関係を滑らかにする手段。ビジネスに不可欠なツールです。「自分が会社の代表者。イヤでも伝えるのが仕事」と割り切れるなら、すぐに対応できるでしょう。また、来客の案内時や商談前の導入であれば、場がほぐれるような、ありきたりの世間話で充分。相手に質問を投げかけるのもひとつの方法です。

　まずは、爽やかな笑顔と元気のよいあいさつから練習し、少しずつ慣れていきましょう。あなたが友人に対して緊張しないのは、相手に慣れているから。ビジネス会話も慣れれば、自然とできるようになるはずです。

使いやすい話題　NGな話題

初対面で使いやすい話題

天気・季節	・この雨、いつまで続くんでしょうね ・暖かくなってきましたね
ニュース	・昨日の○○のニュースには驚かされました ・今度発売になる○○、ご存じですか
スポーツ	・いよいよオリンピックが開幕しますね ・ついに横綱の○○も引退ですね
環境	・この辺りは緑が豊かで落ち着きますね ・ここからの眺めはすばらしいですね
グルメ	・この近くにどこかおいしいお店はありますか ・昨夜、名物の○○を食べてみましたよ
街の話題	・古風な町並みが残っていて、いいですね ・ここまで来るときの街路樹が見事で……
会社の話題	・いやあ……きれいなオフィスですね

NG 世間話では好みの出しすぎやあとの続かない会話はNG。無難な話題から場をやわらげましょう。

避けるべき話題
- 宗教、信仰
- 思想、哲学
- 政治、政党
- ライバル企業の話題
- 会社の経営状況
- プライベートな話
- 多忙を強調する話

話すのが苦手な人は

人見知りの人は
慣れない人に警戒してしまうのは自然な防衛本能です。しかし、ビジネスの場では日々出会いがあります。そこをクリアするにはとにかく慣れること。日ごろから出入り業者の人と話してみる、食堂のおばちゃんに話しかける、来客と世間話をするなど、積極的に動いてみましょう。

上がり性の人は
新人のころは失敗ばかり。でも、失敗によっては、場をなごませる効果があるので気にしないこと。また、「その条件では受注できない」といった言いにくいことは、会社の方針。あなたは会社の代弁者でしかありません。気負う必要などないのです。人と会うのも日常業務と割り切って。

話し下手な人は
ビジネスの場では、噺家（はなしか）のようなおもしろさは要求されません。ビジネスの話をその要点を伝えていけばいいだけです。そこに不安があるなら、事前に書き出しそれを見ながら話す、話題がないなら毎朝ニュースを見て情報を収集する、こうした工夫ひとつで、ハードルはぐんと下がります。

> **マメ知識**
> **座る位置で緊張度が違う!?**
> 一説によると、「人は右側の人に心を許し、左側の人を警戒する」そうです。緊張しやすい人は、左側（Ⓑ）に座ってみると落ち着きます。逆に、相手に心を許してもらいたければ、右側（Ⓐ）を試してみましょう。

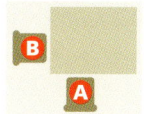

新規顧客との面談　自己紹介は？

新しい取引先との初めての商談でも、以下の4点を整理しておけば大丈夫。これらの話題から必要なものを組み合わせればOKです。

たとえば ❷、❸、❹ を組み合わせて「いつも<u>この近辺のディーラー</u>❷を回って<u>営業しています</u>❸ので、<u>何かあったらご連絡ください</u>❹」といった具合です。

会社や部署について

❶ 会社の事業内容
自社の事業内容は必ず把握しておくこと。とくに異業種交流する際に有用

❷ 所属部署の担当領域
人によって領域が違うことも。同一部署内でどこまで対応できるかを知っておくこと

自分について

❸ どんな仕事をしているのか
「営業職」でも、外回り中心か得意先回りかで大きく変わる。新人の場合は、引き継ぎ中なのか、独り立ちはいつからかなども把握しておこう

❹ どこまで対応できるのか
「およびいただければすぐに対応します」「いつでも連絡してください」といった言葉は喜ばれる。あとは自分に、それを実行する覚悟があれば◎

第4章　接客・訪問に役立つ対顧客マニュアル

他社訪問の基本

自分は会社の代表者

① **時間管理はきっちり**：訪問・面談の時間は予定どおりに。相手に時間を割いてもらっている点を意識し、効率的に話を進める

② **気を抜かない**：他社に入った瞬間から自社の代表者。受付や廊下でも見られている意識をもって。身だしなみや礼儀は怠らないこと

● 受付に立つ前に準備を済ませる

他社訪問で大切なのは時間の管理です。先方の担当者には、忙しい時間を割いてもらっているという感謝の気持ちで接しましょう。約束した時間の5分前には受付へ。その瞬間から、あなたは会社の代表者。身だしなみを整える、携帯電話をマナーモードにするなど、礼儀正しいふるまいを心がけましょう。

応接室では、すすめられる前に勝手に座る、お茶に口をつける、上着かけにコートをかける、……といった行為はNGです。最初のあいさつはもちろん、話を切り上げるのも訪問した自分から。

また会社を出たあとも油断は禁物です。周辺に関係者がいる場合も多いので、うわさ話などは慎みましょう。

第一印象で仕事を制す

● 就職活動を思い出せ

ビジネスでもやはり第一印象は大事。お客さまの会社の前まで来たら、右のチェック表を参考に、もう一度自分をチェック。一分(いちぶ)の隙(すき)もない状態をめざしましょう。

訪問前にここをチェック

- ☐ 資料や名刺をすぐ出せるようにする
- ☐ サンプルや手みやげの確認
- ☐ 面談相手の部署と名前を確認
- ☐ 想定した商談の目的や流れを確認
- ☐ 身だしなみを整える
- ☐ マフラーやコートを脱いで手に持つ
- ☐ 携帯電話はオフか、マナーモードに

他社訪問の流れ

受付 → あいさつをして、自分の社名・氏名、相手の部署名・氏名、訪問時間を伝えて取り次ぎをお願いする

> **受付で告げること**
> - **名乗り**
>   「私、○○社（○○部）の、○○と申します」
> - **相手の名前**
>   「○○部の○○様をお願いいたします」
> - **訪問時間**
>   「○○時にお約束をいただいております」

応接室 → 席を指定されなければ下座へ進みすすめられたら着席。コートや荷物は足元に相手が来るまでは書類などを準備

あいさつ → ドアがノックされたら起立。相手が入室したらお辞儀とあいさつを

> **最初のあいさつ**
> 「きょうは、お忙しいところ、お時間をいただきましてありがとうございます」

名刺交換・着席 → 初対面なら名刺交換（136～137ページ参照）。手みやげはそのあとに。席をすすめられたら「失礼いたします」と言って着席

商談開始 → 「きょうは○○の件でお伺いいたしました」と商談開始。資料は相手の見やすい位置に、話しは聞き取りやすさを心がける

商談終了 → 話が途切れたところで、「では、よろしくお願いします」などと言って締めくくる

辞去 → 荷物をまとめて立ち上がり、「本日はありがとうございました」とお礼を。コートやマフラーは玄関を出てから身につける

こんなときどうする？

お茶を出された
先に口をつけていいのは、相手を待つあいだ、自分のぶんが運ばれたときだけ。そのあとは相手からお茶をすすめられるまで待ちます。

上司や先輩に同行する

とくに以下のことに気をつけましょう。

- 上司や先輩の前を歩かない
- 名刺を出すのは上司に紹介されてから
- 上司よりも下座に座る
- 資料を用意するなど率先してサポートする
- 話をメモをとりながら聞く

第4章 接客・訪問に役立つ対顧客マニュアル

個人宅への訪問
顧客の私的空間より深い配慮を！

① **やや遅めに到着**：個人宅は早めに着くと迷惑に思われる場合も。クレームの際の訪問以外は、約束時刻の2～3分後が目安
② **靴や靴下もチェック**：玄関先だけのつもりが招き入れられることも。靴を脱ぐことも想定し、きちんとしたものを穿いておくこと

● 忙しそうな時間帯を避け手みやげを用意

個人宅を訪問するときも、アポ取りが必要です。先方の都合に合わせますが、食事時はもちろん、朝夕の家事で忙しい時間帯もなるべく避けましょう。

小さな子どもがいる場合は、お昼寝の時間帯を避けるよう気づかうと喜ばれます。前日には、確認の電話を入れましょう。

個人宅の場合、約束時刻ちょうどでは用意が整っていないことも。2～3分くらい遅れて伺うとよいでしょう。また、玄関先で話すつもりでも招き入れられることがあります。靴を脱ぐことを想定して、靴の中敷きや靴下にも気配りを。手みやげを用意していくと心強いでしょう。渡すタイミングは、玄関先で話す場合は自己紹介後、入室する場合は室内で渡します。

個人宅に出かける際に

第一印象を悪くしない
- タクシーで行く場合は、訪問宅から少し離れた場所で降りる
- 汗をきちんと拭いてから呼び鈴を押す（とくに夏場）

和室に通される可能性を考えておく
- 正座してもいいように女性はミニスカートを避ける
- 靴下やストッキングの汚れ破れに注意

マメ知識

和室でのマナー
- 敷居は内と外を分ける境界線。踏むのはタブー
- ふすまの開閉は座っておこなう
- 畳の縁は昔なら家紋が入った部分。踏まないよう注意して
- 座布団に座るときは、いったん畳に座り、ひざからにじり上がる
- 立つときは座るときの逆。座布団の上には立たない
- あいさつは座布団を下りてから

個人宅訪問の流れ

玄関前
約束時刻の2～3分後に到着。
玄関に入る前に、コートやマフラーを脱いで身なりを整え、呼び鈴を押す

玄関先
あいさつをし
社名と部署名、名前を告げて名刺を渡す

> **自己紹介**
> 「〇〇社営業部の山田と申します」

家の中へ
玄関先で済む用件の場合は、上がるようすすめられても固辞。再びすすめられたらその気づかいに感謝し、応じる。
上がる場合は、正面（家の内側）を向いて靴を脱いで上がる。後ろ向きで片ひざをつき、つま先を外に向けて靴をそろえる

> **上がる際のあいさつ**
> 「失礼いたします」

入室（和室）
座布団には座らず、下座で正座して待つ。
相手が来たらそのままあいさつし、手土産を渡す。すすめられたら座布団に

辞去
話が終わったら長居しない。
座布団からにじり下りて、あいさつ

> **辞去のあいさつ**
> 「お時間をいただきまして、ありがとうございました」

玄関
「お召しください」とすすめられたらコート類を着る。
靴を履いたら、向き直ってあいさつ

> **玄関でのあいさつ**
> 「おじゃまいたしました」

こんなときどうする？

食事をすすめられたら
基本的には固辞するのがマナー。ただ、相手がすでに用意していた場合は、それを無駄にするのも失礼なので、二度目の返事で「では、お言葉に甘えて」などと言い、厚意を受けましょう。

■ 和室の席次

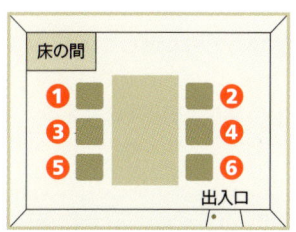

```
┌─────────────────┐
│ 床の間           │
│  ❶ □     ❷ □   │
│  ❸ □     ❹ □   │
│  ❺ □     ❻ □   │
│        出入口    │
└─────────────────┘
```

入口から遠い、床の間のあるほうが上座、出入口に近いほうが下座

クレーム訪問のポイント

- 約束時刻ちょうどに伺うこと
- 上司に同行してもらう
  （自分の権限を越えた要求や判断に対処するため）
- 手みやげや代替品などは必ず持参する
- 感情的にならず
  まずは相手の意見を受け止めること

名刺交換の基本
ビジネススキルが一目瞭然！

① **切らさないよう注意**：名刺を持ち歩くことはビジネスパーソンの常識。日々枚数をチェックし、切らさないように

② **スマートな所作で**：名刺交換の姿で、有能さがわかる。スマートな所作を身につけ、イメージアップを心がけよう

● 名刺はその人自身。敬意をもって扱おう

名刺は単なる連絡カードではなく、その人自身をあらわすもの。汚れた名刺を渡したり、もらった名刺にその場で書き込んだりするのは失礼です。敬意をもって取り扱いましょう。

いちばん避けたいのは、名刺切れです。相手に、敬意がない失礼な行為と受け止められ、あなたの印象が最悪に。切らしたり忘れたりした場合は「切らしておりまして申し訳ございません」と詫び、フルネームを名乗ります。新しい名刺ができしだいお詫びの言葉を添え、名刺を郵送しましょう。

初対面での名刺交換は、自己紹介もかねています。マナーを守るとともに、笑顔できちんとあいさつすることが大切です。スマートな所作を身につけて、相手に好印象を与えましょう。

名刺の取り扱いのコツ
- 名刺と名刺入れはきれいな状態に
- 外出や来客前に枚数をチェック
- 名刺入れは、すぐ出せるところに
- 相手が1人なら、商談中は相手の名刺を名刺入れの上に置く
- もらった名刺はその日のうちに整理
- お尻のポケットに入れるのはNG
- 目の前で名刺に書き込むのも×

名刺の基本法則
差し出す順番
　立場が下の側から順に差し出す

交換の順番
　役職の高い人から順に渡していく

飲食店などでは
　お金を支払う側が上の立場と考える

マメ知識　名刺の保管　五十音順、案件別、会社別など、使いやすく整理します。会った日付、顔の特徴、趣味や家族構成など会談中に得た情報を添えておくと便利です。

名刺交換のしかた

■ 基本

1. 名刺入れの上へ名刺を重ね、片手で持ってもう一方の手を添える 
2. 名乗りながら両手で渡す 
3. 両手で受け取り、胸に掲げて所属・役職と名前を確認

A社営業課の山田一郎と申します。よろしくお願いします

両方同時に差し出した場合

1. お互い右手で差し出し、左手で受け取る 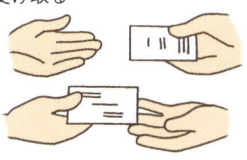
2. 名刺を受け取ったら、すぐに右手を添える

複数で名刺交換する場合

1. 訪問した側、または立場が下の側が役職順に並ぶ
2. 役職が高い人から、順に名刺交換をおこなう

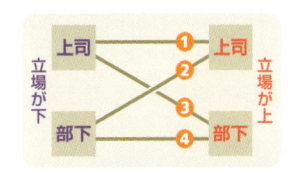

立場が下：上司 → 部下
立場が上：上司 → 部下
①②③④

■ 名刺交換が終わったら

名刺入れの上に相手の名刺を載せ、テーブルに置きます。複数の場合は、相手の席順と同じ順番に並べます。商談中に顔と名前を覚えましょう。

こんなときどうする？

❶ 相手の名前や社名が読めない

名刺交換直後に必ず確認しましょう。まずは、ローマ字表記がないかどうか、名刺の表裏を確認します。それでもわからない場合は「おそれいりますが、どのようにお読みすればよろしいのでしょうか」と尋ねましょう。

❷ 名刺をうっかり落とした

相手の名刺の場合は「たいへん失礼いたしました」以外に言葉はありません。自分の名刺の場合、間違っても落としたものをそのまま渡したり、名刺入れに戻したりしないこと。必ず新しい名刺を渡します。

紹介のしかた

人間関係をスムーズに把握

① **紹介順は関係性で判断**：仲介者との関係の深さが紹介順に反映される。原則的に、関係の深い人を浅い人へ紹介する
② **人脈をつくるために**：人間関係の幅を広げていくには「紹介」が不可欠。紹介することにも、されることにも慣れよう

● 公私ともに人間の幅を広げる「紹介」

ビジネスシーンでは、人を紹介したり、人から紹介してもらったりする機会が多いもの。それによって人脈が広がります。恥をかかないように、紹介のしかたの正しい手順を知っておきましょう。

==どの順番に紹介するかは、仲介者との関係の深さで決まります==。下の図表を参考にしてください。

また、紹介する際、仲介者は両者の真ん中に立ち、手のひらを上にして、紹介される人へ向けます。次に、社名・部署名・役職名・氏名を告げれば、紹介終了。今度は、もう一方の人を紹介します。

一見難しそうですが、これをスムーズにできれば、ビジネスパーソンとして一人前です。

紹介する順番

	Ⓐ 先に紹介する		**Ⓑ あとで紹介する**
1	社内の人	→	社外の人
2	紹介を頼んだ側	→	紹介される側
3	交際の深い側	→	交際の浅い側
4	1人	→	複数
5	身内・家族	→	他人
6	同じグループ内は役職順に		

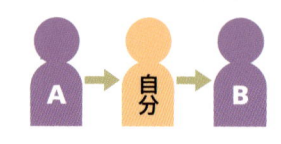

❶ 両者のあいだに立ち、AさんをBさんに紹介

❷ BさんをAさんに紹介

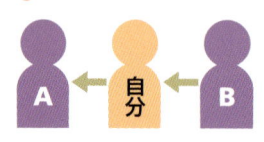

ケース別 紹介のしかた

ケース1
取引先に2人の上司を紹介

左の**1**と**6**を適用し、まずは社内の人から役職順に。社外の人の前では、上司でも呼び捨てでOKです。

例：「こちらが弊社営業部長の佐藤です。
　　……同じく課長の鈴木です」
「こちらがいつもお世話になっている
　○○社の加藤部長です」

ケース2
C社の人に頼まれD社の人を紹介

2を適用し、C社→D社の順に。紹介依頼者との関係をひと言添えてください。

例：「こちらがC社の
　近藤部長でいらっしゃいます」
「こちらは私どもが
　いつもお世話になっております
　D社の加藤部長でいらっしゃいます」

ケース3
自社の仲介者が他社の2人を紹介する

1と**6**が適用され、まずは自分が紹介されます。次に他社の2人を役職順に紹介してもらいます。最後に先方の役職の高い人から順に名刺交換します。

例：「はじめまして。開発部の松野でございます。
　いつも藤原（自社の仲介者）が
　お世話になっております」

ケース4
他社の仲介者にその関連会社を紹介してもらう

3が**2**より優先され、自分はあとから紹介されます。名刺交換の際に仲介者との関係をひと言添えてください。

例：「ご紹介いただきました
　F社の橋本部長には
　いつもお世話になっております」

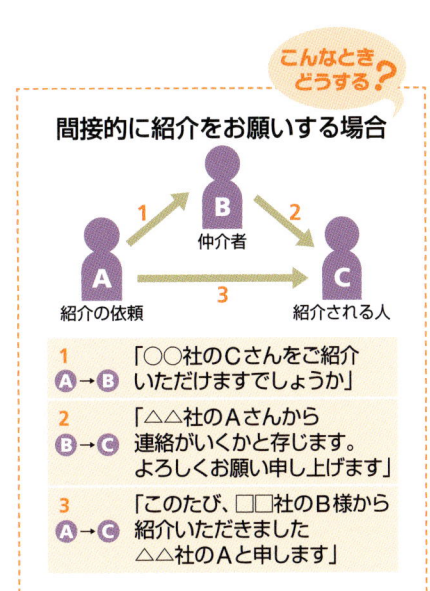

ケース5
担当者どうしが互いの上司を引き合わせる

仲介者が自分と取引先担当者の2人に。この場合は、以下のようになります。

```
立場が下の側（受注側、訪問した側）の
担当者が上司を紹介
         ↓
     続いて自己紹介
         ↓
   ここで仲介者が切り替わる
立場が上の側（発注側、招く側）の
担当者が上司を紹介
         ↓
     最後に自己紹介
```

こんなときどうする？
間接的に紹介をお願いする場合

A（紹介の依頼）→ B（仲介者）→ C（紹介される人）

1　A→B	「○○社のCさんをご紹介いただけますでしょうか」
2　B→C	「△△社のAさんから連絡がいくかと存じます。よろしくお願い申し上げます」
3　A→C	「このたび、□□社のB様から紹介いただきました△△社のAと申します」

第4章　接客・訪問に役立つ対顧客マニュアル

出張の段取り

綿密な計画が成否を分ける

① **必ず下調べを**：出張の目的と照らし合わせ、きっちり下調べを。とくに必要書類や交通機関の状況、必要経費の総額などは念入りに
② **社内手続きと報告を**：出張前後の社内手続きを把握する。出張中は連絡・報告を密にし、ミスを防止する

● 限られた日程・予算で計画的に

　出張は、ふだんは行けない遠方のお客さまを訪問する機会。1回の出張で何社も訪問することになるので、きちんと計画を立てることが大切です。下の社内手続きを見ながら、一つひとつ確認していきましょう。

　出張中のスケジューリングは、時間的に若干のゆとりをもたせるのが理想。しっかり公私の区別をつけ、定時連絡や上司への報告も忘れずにおこないます。経費の精算に必要な領収書もなくさないようにしましょう。

　また、出張中は本来の仕事を同僚がフォローしてくれるので、進捗状況などを引き継いでおく必要があります。緊急時の連絡手段も伝えておきましょう。

　帰社後は、すみやかに口頭で報告し、出張報告書を作成。経費を精算します。

社内手続き

出張前に確認しておくこと
- 出張日程
- 訪問先の住所・連絡先
- 使える予算
- 現地までの経路・金額・時間
- 現地での交通手段
- 宿泊場所の選定と予約・金額・チェックイン時間
- 手みやげの有無
- 同行者の有無

■ 社内手続きの例

　出張には経費が使われるため、事前に予定を申請。帰社後には出張中の行動を報告しなければなりません。

出張前
- 上司の承認を受ける
- 出張申請書や日程表、仮払い申請書などの作成

帰社後
- 上司に報告
- 出張報告書や出張費精算書の作成

自分で宿を予約する場合

■ 宿の予約のしかた

会社で定宿が決まっている場合も。自分で予約する場合は、インターネットを利用するのも手です。

宿を決めるときのポイント
- 最寄り駅や出張先からのアクセス
- 宿泊料が予算内に収まるか
- チェックイン・チェックアウトの時間
- インターネット設備の有無
- プリンターやFAXなどのサービス設備
- コンビニが近くにあるか

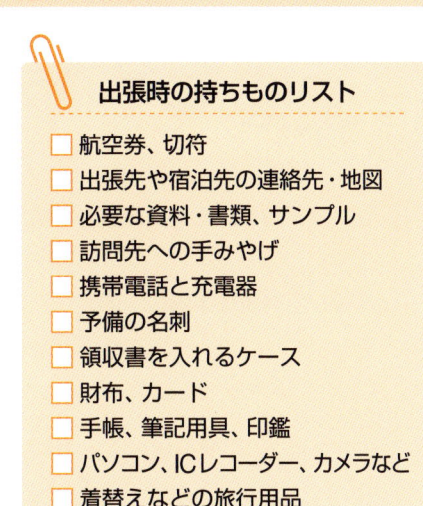

出張時の持ちものリスト
- ☐ 航空券、切符
- ☐ 出張先や宿泊先の連絡先・地図
- ☐ 必要な資料・書類、サンプル
- ☐ 訪問先への手みやげ
- ☐ 携帯電話と充電器
- ☐ 予備の名刺
- ☐ 領収書を入れるケース
- ☐ 財布、カード
- ☐ 手帳、筆記用具、印鑑
- ☐ パソコン、ICレコーダー、カメラなど
- ☐ 着替えなどの旅行用品

第4章　接客・訪問に役立つ対顧客マニュアル

こんなときどうする？

❶ 予定より早く仕事が終わった
日帰り出張の場合、帰社すると定時をすぎる時間帯は、そのまま帰ってよいか判断に迷うもの。電話で終了を報告し、帰社するか直帰するかの判断は上司にゆだねましょう。

❷ 日帰りで終わらなかった
日帰りの予定が宿泊しないと終わらなくなった場合、まずは上司に連絡を。進捗状況や残っている課題などを報告し、宿泊の可否を判断してもらいましょう。

❸ 費用が予算を超えた
予算は決まっています。超過分は自費が原則。ただし、急な接待や食事に誘われ支払ったなどの場合は、接待費として別枠になることもあります。

❹ 職場におみやげは必要？
必要ありません。しかし、留守中に仕事を分担してもらったお礼とみなす場合や、購入が慣例化している職場も。購入は自費がほとんどです。

マメ知識
たまったマイレージ
出張でたまったマイレージは会社のもの、との判断が主流です。一方で、会社が黙認しているケースもあります。会社の規定にしたがいましょう。

訪問後のフォロー
上手なフォローが信頼感を生む

① **お礼の言葉を伝える**：商談が不成立でも、お礼のメールや手紙を。メールなら一両日中、手紙なら3日後までに到着するよう作成

② **保留した問題は早急に**：面談中に解決しなかった問題は、帰社後、すぐに調べて回答すること。資料作成なども早めに

● 次につなげる適切なフォローを

ビジネスを成功させるには、訪問後のフォローも重要です。日常的な打ち合わせ後であれば、打ち合わせ内容を盛り込んだお礼のメール、重要案件やトラブル対応であれば、あらたまった手紙やはがきなどを出し、双方に思い違いや齟齬がないよう努めます。

また、商談中に回答できなかった事案に対しては、すみやかに調査・確認をし、正確に伝えることが大切です。その際は、商談中に回答できなかったことへのお詫びと時間を割いてくれたことへのお礼も必ず添えます。間違っても、自分勝手に判断し「～と思います」と回答しないこと。

なお、電話でのお礼は、先方が回答を急いでいる場合やメールができない場合、郵送でやり取りする余裕がない場合などにとどめ、なるべく避けたほうがよいでしょう。

フォローのポイント

訪問後、まずは時間を割いてくれたことや商談成立に対するお礼を手紙やメールにしたためて送ります。その際に確認し、連絡しておくべき点は、以下のとおりです。

お礼といっしょに記載したいこと
- 打ち合わせ内容
- 不明点への回答
- 大まかなスケジュール
- 担当窓口の連絡先、担当者名
- 次回打ち合わせ日程（候補日も）

追って連絡するとよいこと
- 変更点や追加事項
- 正確なスケジュール
- 納品後の製品評価・不具合確認
- 次回打ち合わせ日程の確定連絡
- 作業の進捗状況の報告

ケース別 フォローのしかた

ケース1 会えたことに対するお礼

なかなか会えない人に会えた、新規営業で商談ができた、……など会えたこと自体が喜ばしい場合は、あらたまった手紙が最適。感謝の意と「今後ともよろしくお願いします」のひと言は忘れずに。

ケース2 継続的なおつき合いの場合

合同プロジェクトなどで継続的におつき合いする場合は、定期的な状況確認が不可欠。互いに共通認識をもち、ミスのないよう、メールや電話などで逐一確認しましょう。

ケース3 納品をともなう場合

納品後は、一定期間ごとに製品の調子や使い勝手を伺うと◎。テクニカルサポートの業務でもありますが、営業担当者が聞くことで、お客さまは安心感や信頼感を覚えます。

○○の使い勝手はいかがですか？

ケース4 お詫び訪問の場合

封書が最適。書式にのっとってお詫びの内容や自社の対策などをしたため、遅くとも訪問から2〜3日で到着するように投函しましょう。お詫び文書については169ページを参照してください。

● 商談成立後は定期的に

商談が成立すると、取引先とのおつき合いが始まります。何度もやり取りをするようになりますが、必ず定期的なフォローをしておくことが大切です。たとえば、進捗状況や変更点を把握できるスケジュール用ファイルをつくって共通認識とする、……といった工夫があると喜ばれます。また、相手先への商品到着後には、定期的に使い勝手や不具合を確認しておくと、次の商談につながります。

接待の基本
おもてなしで相手の心を開く

① **見せかけでも「ザル」に**：接待の席で酔っぱらうのは厳禁。お酒にあまり強くない人は、こっそりチェイサーやウーロン茶を
② **それでも笑顔を**：当日は、席次やお酌、聞き役、盛り上げ役、注文、予算管理や支払い、……と多忙に。それでも笑顔でこなそう

● なごやかに信頼関係を築くのが目的

　ビジネスも人と人とのお付き合いが基本。お酒や食事をともにする接待は、お客さまとの関係をなごやかにし、一歩踏み込んだ信頼関係を築く効果があります。
　接待するのもされるのも仕事のうち。礼を失して相手の信頼を損ねないよう、くれぐれもマナーには気をつけましょう。
　接待する場合は、相手が喜ぶ会場を選びます。上司や先輩が相手の好みを知っている場合もあるので、必ず相談を。
　そのほか必要に応じて、送迎の手配やおみやげの用意、二次会のセッティングなどもしておきます。
　また、会社の経費なので、上司との打ち合わせや事前申請などの社内手続きも必要です。当日は聞き役、盛り上げ役に徹しつつ、予算の管理もしっかりこなしましょう。

接待準備　ここをチェック！
- □ 相手の好みを知っているか
- □ 予算はいくらまで出るか
- □ 人数は何人か（先方○人、当社○人）
- □ お店の選定・予約はできたか
- □ 日時、場所を確認し、先方へ知らせたか
- □ お店と打ち合わせをし、段取りやおみやげを確認
- □ 送迎はどうするか
- □ 席次は上司と打ち合わせ済みか
- □ 当日（もしくは前日）、相手とお店に確認の連絡をしたか

明日楽しみにしております

宴席の席次

新人がひとりで接待することはまれ。席次は上司や先輩と相談して、あらかじめ決めておくこと。宴席の上下がわかりにくい場合は、お店の人に聞いてみるとよいでしょう。

＊小さい数字ほど格上

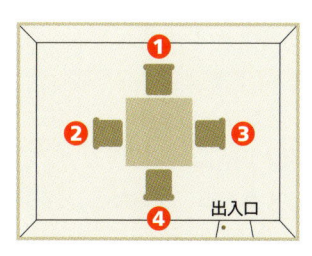

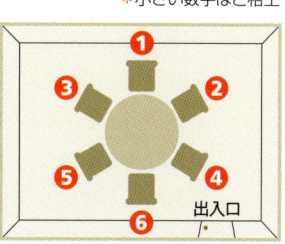

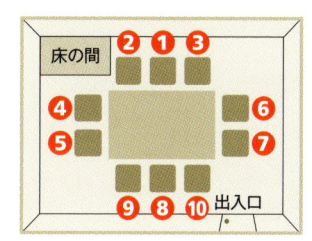

テーブル席

円卓

座敷

座敷（逆床）

＊床の間が本床と逆の配置を「逆床（ぎゃくどこ）」という

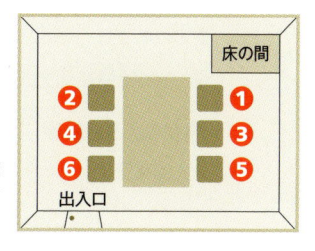

お酌のしかた・受け方

お酌は「あなたを気にしていますよ」というサイン。接待する側は絶えず気を配ること。無理強いは禁物ですが、相手が次へ手を伸ばすまで待つのもNG。残り2口ぶんくらいになったら、お酌に伺いましょう。

ビール
ラベルを上に向けて両手で注ぐ。受ける側も両手を添える

日本酒
八分目を目安に。受ける側はすぐ口をつけるのがルール

こんなときどうする？ 会計のタイミングがわからない

そろそろ終了時間というあたりで、さりげなく洗面所に行くふりをして、会計を済ませます。領収書は会社宛てとし、金額や日時、収入印紙の有無、店名のサイン・押印の有無を確認します。

第4章 接客・訪問に役立つ対顧客マニュアル

ステップ・アップコラム ❸

取引先との話のネタがほしい

　新人研修でもOJTでも教えてくれない事柄で、いちばん困るもの。それが取引先との話のネタです。「じゃあ、きょうの商談はキミが取り仕切ってみろ」といきなり言われても、何から話せばいいのやら……。長年のお得意先ならともかく、新規のお客さまとなるとあえなくギブアップ。

　そんなときは次の方法を試してみましょう。もしかしたら、いいきっかけができるかもしれません。

> **その1　会社を観察**
>
> 　先方の社屋に到着した瞬間から周囲を観察してみましょう。

- 駐車場に高級車 ── すごい車が止まっていますね！
- 仕事場など ── すてきなオフィスですね。
  　　　　　　　　私もこういうところで……
- 新しそうなOA機器 ── おっ！　最新機種ですか
- つねに花が飾ってあれば ── いつ来てもきれいにされていますね
- 和気あいあいとした雰囲気 ── イキイキとして楽しそうな職場ですね

> **その2　担当者を観察**
>
> 　話のネタは担当者自身ももち合わせているはずです。

- 手が片方だけ日焼け ── ゴルフ、お好きなんですか
- 目の周囲以外が日焼け ── スキーに行ってらしたんですか
- 腰をトントンたたいている ── 腰、どうなさったのですか
- せきをしていたら ── お風邪ですか
- 高そうな時計をしていた ── いい時計ですね。
  　　　　　　　　　　　　　　私も早くそんなすてきなのを……

　こうした観察からの発言は、話題を提供するだけでなく、相手への気づかいが伝わる非常に効果的なひと言です。相手は「自分（会社）のことを真剣に考えてくれている」と感じ、こころよく思うでしょう。でも、間違ってもマイナスなことは言わないこと。これだけは守ってください。

第5章

コツが凝縮
ビジネス文書作成法

ビジネス文書って何を書けばいい？
社外文書やメール、FAX、……。
上司や取引先にも納得してもらえる文書は
ここを押さえて

第5章監修 ●平野友朗（アイ・コミュニケーション 代表取締役）

ビジネス文書の使い分け
相手・分量・機密性で判断を

① **誰に出すのか**：目上の人や初めての相手などには、格式の高い紙文書が◎。密接な取引先なら、会社のルールにしたがおう
② **目的・内容**：個人情報や機密情報が書かれているか、緊急性はどうか、画像や図版の有無などによる判断を

● 文書ツールは特性をふまえて選ぶ

　ビジネスで使用する文書には、おもに紙ベースの文書（紙文書）とメール、FAXがあります。これらは、たとえば契約書などの重要な書類やイベントの案内状は紙文書、急ぎの連絡や地図、図面などひと目見てわかってもらいたい場合はFAX、日常的な連絡にはメールという具合に使い分けられています。

　いずれも会社によってフォーマットやルールなどがあるため、最初は先輩に相談したうえで適切な形態を選ぶのが基本。そうすることで、ツールの選択間違いによるトラブルを未然に防げるはずです。

　最近では、メールに添付して公的な文書を送るケースも急増。関係の密な得意先ならメール、機密性の高いものなら紙文書といった要領で、==「相手との関係性」==と==「公的文書のレベル」==で判断します。

文書ツールの向き不向き

	向いている	向いていない
紙文書	● 契約書、見積書、企画書、依頼書、案内状、礼状、詫び状、督促状など、文書全般◎	● 緊急性を優先すべきもの
メール	● 緊急性の高いもの（ただし電話確認は必要） ● データファイルを送りたい場合 ● FAXよりも鮮明なデータを送りたい場合	● 公的な文書 ● データ容量の大きすぎるもの
FAX	● 緊急性の高いもの（ただし電話確認は必要） ● 簡単な地図や枚数の少ないもの	● 機密性の高いもの ● 写真や分量の多いもの

紙文書・メール・FAXの役割

ケース1 紙文書 
ビジネス上の格では最上位。まじめさ、ていねいさでは◎。重要書類だけでなく、目上の人や初めての取引先などにも適しています。ただし、郵送の場合は時間がかかるため、急ぎの連絡には不向きです。

ケース2 メール
相手の都合のよいときに見てもらえるのが最大のメリット。半面、いつ見てもらえるかわからないというデメリットも。また、ちょっとした言葉で相手の気持ちを害してしまうおそれもあるので、注意が必要です。

ケース3 FAX 
急いで文書を確認してもらいたい場合に最適。ただし、受信相手以外の目にもふれるので、機密性に欠けます。また、写真などの画像の確認、枚数の多い文書などには不向きです。

第5章 コツが凝縮 ビジネス文書作成法

ツール別掲載ページ

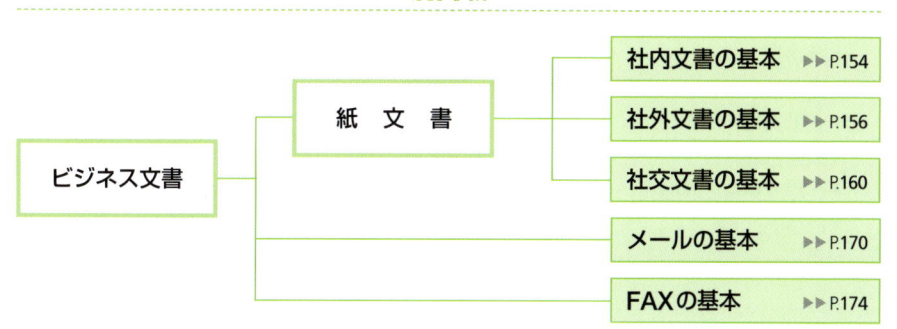

ビジネス文書
- 紙文書
  - 社内文書の基本 ▶▶ P.154
  - 社外文書の基本 ▶▶ P.156
  - 社交文書の基本 ▶▶ P.160
- メールの基本 ▶▶ P.170
- FAXの基本 ▶▶ P.174

紙文書作成の基本

その形式にも意味がある

① 勘違い防止の明文化：伝えるべき用件を確実に伝え、行き違いを防ぐ
② 相手との信頼を築く：きちんとした文書で、まじめさと誠実さを印象づける
③ トラブル時の証拠に：トラブルの予防だけでなく、情報を正確に伝達したかの証拠能力が高い

●「5W3H」で目的を的確に！

紙文書は、大きく「社内文書」「社外文書」「社交文書」の3タイプに分けられます。どの文書を作成する場合でも、もっとも重要な点は「明確に」「簡潔に」用件を伝えること。そのためには、5W3H（54ページ参照）をしっかり押さえたうえで、結論から述べることが大切です。理由や背景などの詳細は、そのあとに続けます。

とくに社外文書は、書類自体が自社のイメージと直結しています。わかりにくい文章や間違った言葉づかいなど、信頼性や品格を疑われないようていねいに作成しましょう。

ビジネス文書は、伝達事項をまとめただけの書類ではなく、仕事の成果を左右するものと肝に銘じてください。

紙文書の種類

社内の人に対する文書

社内文書
伝達事項や届け出など
- 稟議書
- 企画書
- 異動通知
- 業務日報
- 日程変更などの連絡
- 各種届出書

など

社外の人に対する文書

社外文書
商取引上の文書
- 提案書
- 見積書
- 依頼書
- 注文書
- 督促状
- 発注書

など

社交文書
礼儀的な文書
- 各種案内
- 年賀状
- あいさつ状
- 祝い状
- 詫（わ）び状
- 招待状

など

ビジネスの場での「印」

　紙文書、とくに社外文書は、押印(おういん)することで重要書類となるため、簡単には押せません。また、必ず朱肉か特定のスタンプ台を使います。一方、文書を回覧した確認印や休暇届などの社内文書では、スタンプ型印鑑でよしとする会社も多いようです（上司に確認を）。

　いずれにせよ、==間違った押印は大きなトラブルの原因となるので、慎重に確認==しましょう。

ハンコの種類

社判	契約書など最重要文書に押す会社の実印
契印	契約書が複数枚にわたる場合、各ページとページのあいだに押す印
割印	正本と副本、原本と写しなど、同じ文書を2部以上作成した際、1部に半分だけ写るように押す印
捨て印	訂正がある場合を想定して、あらかじめ欄外に押しておく印。小さな訂正や明らかな誤記があった際に、訂正印を押す手間を省ける

文書作成の流れ

目的の明確化 → **送る相手の選定** → **文書作成** → **読み直しと校正** → **投入・投函・手渡し**

- 目的の明確化：「何を伝えたいのか」を明確に
- 送る相手の選定：個人か組織か関係者かはもちろん、目上の人か初めての人かなどを確認
- 文書作成：文章の組み立てに留意して作成。定型フォーマットがあれば利用する
- 読み直しと校正：誤字脱字、情報の正確さ、読みやすさなどにも留意

ここだけは見直そう！ チェック表

- ☐ 相手の社名、部署名、担当者名、役職などは正確か
- ☐ 連絡先の住所・電話番号は正確か
- ☐ 件名が正しいか
- ☐ 日時、金額などは正確か
- ☐ 社判や割印は適切な位置に押したか
- ☐ 情報にモレはないか
- ☐ 誤字脱字、敬語などのミスはないか
- ☐ わかりやすい文章か

第5章　コツが凝縮　ビジネス文書作成法

紙文書作成の基本

NG やってしまいがちな NG文書

間違いのある文章や失礼な文言は、相手がこちらの希望どおりに動かない事態を引き起こします。作成した文書がそれに該当しないか、よく読み直してチェックしましょう。

20XX／01／31 ❶

株式会社下田産業
営業部　中川正尚部長　様 ❷

　　　　　　　　　　東京都千代田区○○町○-○-○
　　　　　　　　　　株式会社ABCコーポレーション
　　　　　　　　　　広報部長　高橋和夫

　　　　　　　説明会の件 ❸

拝啓　貴社ますますご清栄のこととお喜び申し上げます。❹平素はひとかたならぬご好誼にあずかり厚く御礼申し上げます。
　さて、このたび弊社企画開発部におきまして、長きにわたり研究開発を進めてまいりました「○○○○○○」が製品化の運びとなり、○月○日から全国発売することとなりました。❺当製品は日常的なコストダウンに最適な製品として、多くの業界から注目されております。
　つきましては、説明会を下記の日程でおこないます。ご多忙中とは存じますが、ご出席くださいますようご案内申し上げます。
　何卒、よろしくお願い申し上げます。

　　　　　　　　　　　❻

日時：○月○○日 ❼　午前9時から午後2時
会場：○○会館 ❽
申込方法：ご返信を至急いただければ、ご出席の方には弊社から入場券を送付いたします。❾
お問い合わせ先：広報部　広田
　　　　　　　（直通）03-○○○○-○○○○

　　　　　　　　　　　　　　　　　　　　敬具 ❿

ここが違う！

❶ 発信年月日が略記されている
❷ 役職名に敬称がついている
❸ 件名で内容が伝わらない
❹ 時候のあいさつがない
❺ 1センテンスが長すぎる
❻ 「記」が抜けている
❼ 曜日が抜けている
❽ 会場の説明が不親切
❾ あいまいな表現でわかりにくい
❿ 結語の位置が間違っている

これなら大丈夫 OK文書

文書には、基本的な書式があります。必要な要素や配置などにもおおよその決まりがあるので、その基本さえ押さえておけば、ほかの文書にも応用できます。

平成○○年1月31日 ❶

株式会社下田産業
営業部　中川正尚　様 ❷

　　　　　　　　　　　　東京都千代田区○○町○-○-○
　　　　　　　　　　　　株式会社ABCコーポレーション
　　　　　　　　　　　　広報部長　髙橋和夫

　　　　　　新製品「○○○○○○」説明会のご案内 ❸

拝啓　陽春の候、貴社ますますご清栄のこととお喜び申し上げます。❹ 平素はひとかたならぬご好誼にあずかり厚く御礼申し上げます。
　さて、このたび弊社企画開発部におきまして長年研究開発を進めてまいりました「○○○○○○」が、製品化の運びとなりました。当製品は、日常的なコストダウンに最適な製品として、多くの業界から注目されております。
　つきましては、○月○日からの発売に先立ち、下記の日程で商品説明会をおこないます。ご多忙中とは存じますが、ご出席くださいますようご案内申し上げます。❺
　何卒、よろしくお願い申し上げます。

　　　　　　　　　　　　　　　　　　　　　　　　　　敬具 ❿

　　　　　　　　　　　　　記 ❻
日時：平成○○年○月○日（木）❼　午前9時から午後2時
場所：○○会館3F 鳳凰の間 ❽　（○○線○○駅から徒歩○分）
申込方法：ご希望の方は、○月○日（水）までに同封の申込書にご記入のうえ、
　　　　　ご返信ください。❾
　　　　　追って、弊社からご出席の方に入場券と地図を送付いたします。
お問い合わせ先：広報部　広田
　　　　　　　　（直通）03-○○○○-○○○○

　　　　　　　　　　　　　　　　　　　　　　　　　　以上 ❿

これが正解！

❶ 発信年月日は省略せず正確に
❷ 役職名は敬称と同格
　「部長様」などとしない
❸ 内容がつかめる件名にする
❹ 時候のあいさつは不可欠
❺ 1センテンスを短くし、わかりやすくまとめる
❻ 箇条書きの場合は「記」を行の中央に
❼ 年月日・曜日は省略しない
❽ 建物の階数、部屋の名称なども必須
❾ 「いつまでにどうするのか」を明確に
❿ 「敬具」は主文を締めくくる結語。「記」以下を締めくくる場合は「以上」

第5章　コツが凝縮　ビジネス文書作成法

社内文書の基本
よけいなものは いっさい省く

① **効率優先**：「仕事を中断させる時間を縮めたい」との隠れた意図が。短時間で把握できるよう件名や主文は短く、情報は簡潔かつ正確に
② **定型文不要**：社内の人は身内。最低限の敬語以外、儀礼的なあいさつなどは不要。末文・結語も省略し、平易な文章で作成する

● 効率重視でしたためる

日報や届出書、連絡事項の通達など、社内で取り交わされる文書が「社内文書」です。

社内文書の基本は、==効率優先かつ実務本位==。簡潔で的確な文書であればOKです。社外文書ほどあらたまる必要がありません。そのため「拝啓」「敬具」といった頭語や結語、時候のあいさつなどの儀礼的・社交的要素は省略します。敬語も常識的な範囲内で使えばよいでしょう。

たとえば休暇届や経費の精算書など、繰り返し使われるものには、会社オリジナルの定型用紙があるはずです。また、データでフォーマットを用意している会社も多いので、様式を事前に確認しておきましょう。

わかりやすい 社内文書作成のコツ

- 文書1点につき、用件はひとつ
- 敬語は最低限に。「です・ます」調でまとめる
- ひと目でわかる件名をつける
- 結論を優先させ、短く、簡潔に
- 「おそらく」「思います」などあいまいな表現はNG
- 日時、場所などの要点は箇条書きに
- 文書番号をつけている場合もあるので、ルールにしたがおう

これなら大丈夫 社内文書のOK文書

　　　　　　　　　　　　　　　　　　　　　　　　文書番号：●●-●●
　　　　　　　　　　　　　　　　　　　　　　　　平成○○年3月21日

社員各位

　　　　　　　　　　　　　　　　　　　　　　　　　　　　総務部
　　　　　　　　　　　　　　　　　　　　　　　　　　　　深井良一

　　　　　　　　　　　　社員旅行のご案内

　恒例の社員旅行を下記の通りおこないます。
　今年は箱根温泉に決定しました。ミネラル豊富な温泉とおいしい料理で、日頃のストレスや疲れを吹き飛ばし、明日への英気を養いましょう。ふるってご参加ください。

　　　　　　　　　　　　　　　記

1. 日　　　程：5月14日（金）〜15日（土）
2. 集合場所：本社西側玄関前
3. 集合時間：午前7時集合（時間厳守）
4. 行　　　先：神奈川県・箱根湯本温泉
5. 宿　泊　先：箱根湯本温泉ホテルかえで
　　　　　　　電話　○○○○-○○-○○○○
6. 〆　　　切：4月15日（木）
7. お申し込み・お問い合わせ：総務部・深井（内線1101）へお願いします。

　　　　　　　　　　　　　　　　　　　　　　　　　　　　　　以上

社内文書の種類

文書の機能	文書の種類
命令・指示・提案	命令書、指示書、通達、計画書、企画書、稟議書など
報告	出張報告書、調査報告書、業務日報など
届け出	休暇届、遅刻届、早退届、仮払い申請書など
連絡・問い合わせ	業務連絡書、依頼書、照会書、回答書、案内書など
記録	議事録、帳票類、集計データなど

＊いずれも会社独自のフォーマットがあるので、いちから作成する必要はないと考えてよいでしょう

ここだけは見直そう！ チェック表

- ☐ 文書番号は正しいか
- ☐ 発信年月日、発信者の所属と氏名はあるか
- ☐ 宛名(あてな)に間違いはないか
- ☐ 件名はわかりやすいか
- ☐ 不要な文言がないか
- ☐ 簡潔にまとめられているか
- ☐ ひと目で用件がわかるか
- ☐ 押印は忘れていないか
- ☐ 誤字脱字、数字の間違いはないか
- ☐ 添付書類の有無、名称や枚数が一致しているか

社外文書の基本
社外文書は「会社の意思」を示すもの

① **会社の品格をあらわす**：自分がつくった文書も「会社の意思」として相手に伝わる。会社の品格を下げぬよう、きちんと書こう
② **正確さが重要**：日時や数量、金額の誤りは重大トラブルの元。つねに最新の情報と見比べ、正確さを期するのが基本中の基本

● 会社のフォーマットを使おう

　社外文書にもたくさん種類がありますが、そのすべてに「会社の意向」が含まれています。提案書も見積書も、自分のつくった拙い書類でも、会社の総意として相手は受け取ります。そのため、相手に不快感を与える言い回しや間違った表記は大きなトラブルに発展する、と自覚することが大切です。

　そこで利用したいのが、会社独自のフォーマットです。フォーマットは、会社が長年にわたって改定に改定を重ねてきたもの。自社にいちばん適した形になっています。それを使って相手先や日付、数字などを変更するのが、もっとも堅実な方法です。

　自分なりのアレンジを加えるのは、もっと経験を積み、基本を完璧にマスターしてからです。

かしこい 社外文書作成のコツ

- フォーマットに沿ってわかりやすくまとめる
- 名称、日時、場所 金額などの数字は正確に
- きちんと敬語を使い過剰表現に気をつける
- ビジネス特有の言い回しを活用する
- 情報が多い場合は、短めの本文で資料を添付するなどの工夫を

これなら大丈夫 社外文書のOK文書

平成○○年3月○日

株式会社下田産業
東京支店営業部　石井和紀様

株式会社カモガイ産業
販売部　水山亜紀子

資料送付のお知らせ

拝啓　早春の候、貴社ますますご盛栄のこととお慶び申し上げます。平素は格別のお引き立てを賜り、誠にありがとうございます。
　さて、先日はお忙しい中、弊社○○説明会にご出席いただき、誠にありがとうございました。本日、追加資料として下記の書類を同封いたしましたので、ご査収のほど、よろしくお願い申し上げます。
　なお、さらに具体的な導入方法のアナウンスやお見積りなどをご希望の場合は、弊社担当者が直接お伺いいたします。お気軽にご連絡いただければ幸甚です。
　まずは資料送付のお知らせにて、失礼いたします。

敬具

記

1.新製品「○○○○」仕様書
2.価格表
3.注文書兼お見積り等申込書
4.連絡先：弊社販売部水山まで（直通：○○－○○○○－○○○○）

以上

社外文書の種類

書類内容	文書の種類
取引に関する書類	見積書、契約書、仕様書、提案書、注文書など
金銭に関する書類	請求書、領収書、督促状、振込依頼書など
特殊な書類	詫び状、抗議書、お断りの文書、案内状など

再確認すべき3大項目

❶ 相手の名前
社名、部署名、役職、氏名など、名称の誤りは厳禁。最新の名刺と照合する。

名字の漢字表記
井出と井手、中田と仲田など、キーボードを打った際に気づかずに間違えることも

❷ 金額や日付などの数字
数字の間違いはトラブルの元。日時や数量、金額の桁まで念入りに。

年始時に作成する文書
文書のフォーマットがある場合に注意。年表記を前年のまま送ってしまうおそれが

❸ 押印や印紙
税法で定められた収入印紙の貼付や適切な押印は、重要書類に不可欠。

社判を押さずに契約書を送付
重要書類でのミスは、非常に迷惑。期限超過や二度手間になる

第5章　コツが凝縮　ビジネス文書作成法

社内文書 基本テンプレート

■ 報告書

業務内容について記録し、共有情報とするための文書です。案件別の進捗管理などに使われるため、事実と意見を混同しないことが大切。

文書番号：●●-●●
平成○○年○月○日

出張報告書

　以下のとおり、出張をともなう営業活動をおこないましたので、ここに報告いたします。

1. 日　　程　：　平成○年○月○日(月)～○日(水)の○日間
2. 行　　先　：　○○○県○○○市　　○○○○株式会社○○工場
3. 目　　的　：　営業および設備機器の点検
4. 報告事項　：　担当者レベルでは新機種の導入に積極的だが、契約には至っていないため、見積りと見本を持参して訪問。
5. 所　　感　：　好感触であったが、製品の認知度が低いため、今後も告知活動が必要だと思われる。
　　　　　　　　宣伝部との連携をさらに密にすることが望まれる。
6. 出張旅費精算書　：　別紙参照

以上

■ 稟議書

プロジェクト立案や新規取引、人材の雇用など会社の運営や経営に大きくかかわる場合に、決裁者の意見を求める文書です。

臨時アルバイト雇用のお願い

　第3回「リサイクルアート」コンクール開催にあたり、応募作品の整理作業の人員と入賞作品展示会の補助スタッフとして臨時アルバイトを採用したく、下記のとおりお伺いいたします。

記

1. 期　　間　：　平成○○年○月○日(月)～○月○日(金)
2. 募集人数　：　○○名(大学生か専門学校生)
3. 給　　与　：　時間給　○○円
4. 作業場所　：　○○会館　1階大ホール
5. 作業時間　：　午前9時～午後6時
　　　　　　　　(昼食休憩1時間　実働1日8時間)
6. 作業内容　：　作品の整理・展示作業、会場内の整理・案内
7. 現場責任者　：　イベント企画部マネージャー　笹原洋介
8. 必要経費等　：　会期中の人件費を含む諸経費見積りは別紙参照

以上

社外文書 基本テンプレート

■ 依頼書

こちらの要望を伝え、相手に受けてもらいたい場合に作成する依頼書。取引条件の変更や再見積りの依頼など、作成頻度の高い文書です。

○○○○先生

　　　　　　　　　　　　　　　　　　　　株式会社○○書房　編集部　前田竜也

　　　　　　　　　　　　　　原稿執筆のお願い

　拝啓　風薫る季節、先生におかれましてはますますご活躍のこととお慶び申し上げます。
　　さて、突然のお願いを差し上げる失礼をお許しください。
　　私どもは、爬虫類を飼育するペット愛好家向け情報誌『レプタイルライフ』編集部と申します。小誌はこのたび、認知度の低い生き物の飼育方法や飼育マナーに関する正しい情報を提供するため、弊社から創刊されました。
　　エキゾチックアニマルの研究を専門とされている先生にご協力いただければ、記事にいっそう奥行きが出て、読者のためになると確信しております。つきましては、玉稿を賜りたく、謹んでお願い申し上げるしだいでございます。
　　なお、原稿料は少額で恐縮ですが、1コラム○○○○円前後です。
　　取り急ぎ原稿の企画趣旨と執筆内容、そして小誌の企画書・記事サンプルを同封いたしました。お忙しいところ恐縮ですが、どうぞご覧ください。まずは略儀ながら、書中をもちましてお願い申し上げます。

　　　　　　　　　　　　　　　　　　　　　　　　　　　　　　　　　　　　敬具

■ 督促状

代金や売掛金（うりかけ）の未払い、商品の未納など相手の契約不履行に対して確認をうながす文書です。まずは相手の良心を信じる姿勢で作成しましょう。

　　　　　　　　　　　　　　　　　　　　　　　　　　　　平成○○年○月○日

株式会社フジサキ工業
営業部　藤崎英一様

　　　　　　　　　　　　　　　　　　　　　　　　株式会社銀杏コーポレーション
　　　　　　　　　　　　　　　　　　　　　　　　　　　　　総務部　松下正弘

　　　　　　　　　　　　　　商品代金のお支払いについて

　拝啓　貴社ますますご清栄のこととお慶び申し上げます。
　　さて、○月○日にご購入いただきました弊社商品「○○○○」につきまして、○月○日付で代金のご請求をさせていただきました（請求番号1234）。支払期限の○月○日を一週間経過しました本日にいたっても、いまだ送金の確認が取れておりません。
　　つきましては、来る○月○日(火)までにお振込みいただきますようお願い申し上げます。
　　なお、本状と行き違いにお振込みいただきました節は、何卒ご容赦のほどお願い申し上げます。
　　まずは取り急ぎお願いまで。

　　　　　　　　　　　　　　　　　　　　　　　　　　　　　　　　　　　　敬具

第5章　コツが凝縮　ビジネス文書作成法

社交文書の基本
コミュニケーションを深めるツール

① **喜んでほしいという心**：ビジネスも事務的なだけでは✕。社交文書は気づかいや心配りをアピールする信頼関係作成ツール

② **一筆添える温かさ**：封書もはがきも自筆がベスト。それが無理なら一筆添えて、最高のタイミングで発送しよう

●「思い」を盛り込む

　大きく見れば社交文書も社外文書のひとつですが、「礼儀」という面でほかのビジネス文書とは大きく異なります。相手とコミュニケーションを交わすことで、日常業務をも円滑に進めようとするための文書、と考えてください。

　したがって基本的には礼儀正しく、形式に即して書く必要があります。とはいえ、あまりに型どおりではかえって失礼にあたる場合もあるので、自分の「思い」をうまく盛り込むことが大切です。

　パソコンではなく自筆でしたためる、あるいは一筆添えるのが、そんな「思い」を表現する方法のひとつです。

● 縦書きにするか横書きにするか

　ビジネス文書は横書きが基本ですが、日本では近年まで縦書きが主流でした。これは「日本語は縦に書いたときがもっとも美しい」と考えられているからです。そのため、儀礼的な意味合いや格式を重視する場合は、縦書きにするのが最上の心づかいとされています。

　また、封書のほうがはがきよりも格上です。しかし、案内状や招待状のように持ち運ぶことが前提の場合は、封書から取り出す手間のないはがきが便利です。使う相手、受け取り手のことを第一に考え、臨機応変に選びましょう。

社交文書の種類

内容	文書の種類
季節のあいさつ	年賀状、暑中見舞い、残暑見舞い、寒中見舞いなど
業務上のあいさつ	転勤・退職のお知らせ、社屋移転や営業所開設のあいさつなど
案内・招待	説明会や展示会の案内状、パーティーの招待状など
お見舞い	弔慰状、病気見舞いなど
お祝い	開店・開業祝い、栄転祝い、受賞・賀寿祝いなど
贈り物	お中元、お歳暮、お祝いの品に添える手紙など

社交文書の使い分けポイント

封書	詫び状、礼状など。目上の人や量の多い文書向け
はがき	季節のあいさつ、見舞い状など。多忙の人向け
同封はがき	招待状、案内状など

これなら大丈夫 社交文書のOK例

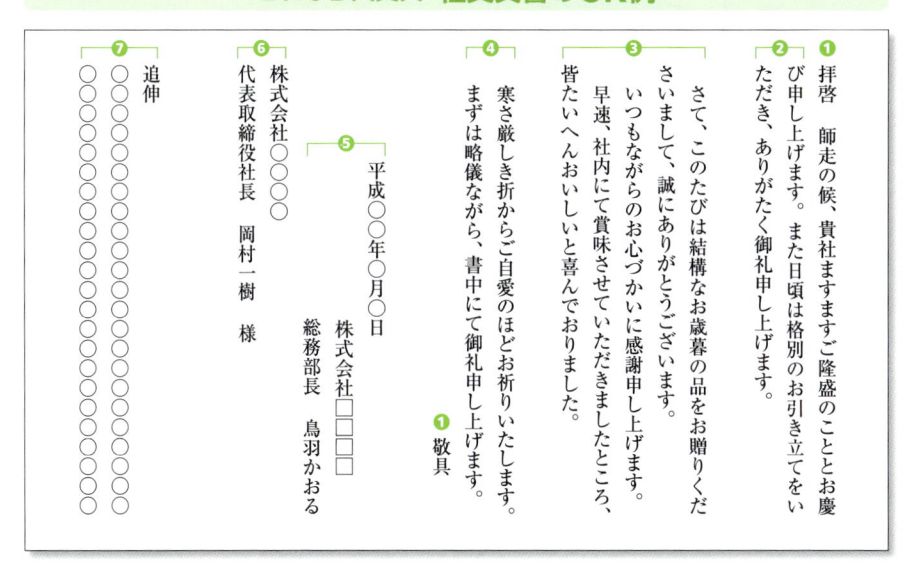

❶ 拝啓 師走の候、貴社ますますご隆盛のこととお慶び申し上げます。また日頃は格別のお引き立てをいただき、ありがたく御礼申し上げます。

❷ さて、このたびは結構なお歳暮の品をお贈りくださいまして、誠にありがとうございます。いつもながらのお心づかいに感謝申し上げます。早速、社内にて賞味させていただきましたところ、皆たいへんおいしいと喜んでおりました。

❸ 寒さ厳しき折からご自愛のほどお祈りいたします。まずは略儀ながら、書中にて御礼申し上げます。

❹ 敬具

❺ 平成○○年○月○日
株式会社□□□□
総務部長 鳥羽かおる

❻ 株式会社○○○○
代表取締役社長 岡村一樹 様

❼ 追伸
○○○○○○○○○○○○○○○○
○○○○○○○○○○○○○○○○

- ❶ **頭語と結語** セットで使う
- ❷ **前文** 時候のあいさつ、(安否の確認、お詫び、)感謝の順で書く
- ❸ **本文** 「さて」などの言葉で始める
- ❹ **末文** あいさつ文、乱筆のお詫び、健康を祈る文などで締めくくる
- ❺ **後付け** 日付は中央より上、署名は本文のいちばん下へそろえる
- ❻ **宛名** 本文一字目と同じ高さから書く。部署名などが長い場合は、切りのよいところで改行
- ❼ **追伸** 書き漏らしたときだけ。無理につける必要はない

封筒の基本
第一印象は封筒で決まる

① **省略せずていねいに**：「(株)」は失礼。最上位の格式に応じて社名・部署名まできっちり書き、謹厳な印象を

② **封筒を使い分けて**：社名入り封筒、和封筒、洋封筒……内容物に合わせた封筒を選ぶと信頼感がアップ。封締めや外脇付も忘れずに

● 意外と知らないルールがある

封筒の書き方にも「省略はしない」「楷書で書く」など、いくつかの決まりのほか、「外脇付」というルールもあります。これは表面の左下側に朱書きで「親展」や「重要」などと記すもので、受取人に内容物や扱い方を示すものです。

封筒は、会社員のスーツ同様、会社のイメージを左右する「顔」です。万が一、不手際があれば、差出人である自分と会社の信頼感が損なわれると意識し、きちんと書きましょう。

封筒の種類

社名入り封筒
もっとも使用頻度が高い。請求書など事務的な文書では茶封筒を使うのが一般的だったが、現在では中身の見える窓つき封筒も使われている

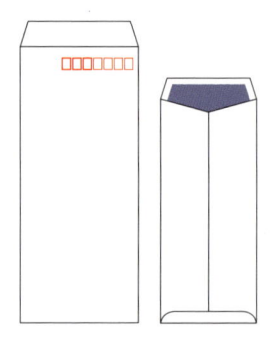

和封筒
二重になっている封筒は公私を問わず、あらたまった場合に用いる。ただし、弔事にかかわる文書では「不幸が重なる」として避けるのがマナー

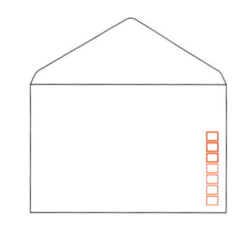

洋封筒（角封筒）
はがきサイズの紙が収まる。白無地のタイプは、式典やパーティーの通知、昇格や転勤のあいさつなどでよく使われている

宛名の書き方

■ 縦型

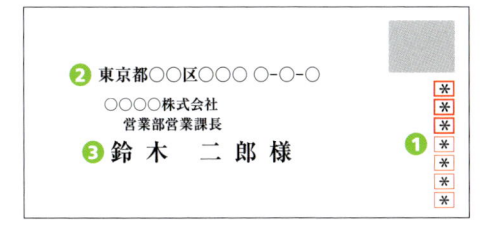

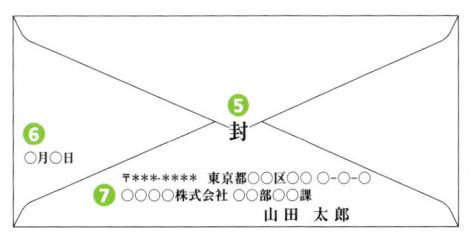

❶ 郵便番号
郵便は、郵便番号で自動的に振り分けられるため、間違いは厳禁。雑に書くと「1」と「7」、「0」と「6」などが判読しにくくなるため、ていねいに書こう

❷ 住所（所番地）
郵便番号の右端よりも内側に、宛名より小さく書く。1行で収まらない場合は、切りのよいところで改行。数字は縦書きなら漢数字、横書きは算用数字

❸ 宛名
中央に住所より大きな字で、社名は省略せず正式名称を書く

個人宛て	様、先生
会社や部署宛て	御中

❹ 外脇付
朱書きが基本。会社には定型のゴム判が用意されている

宛名人以外の開封厳禁	親展
急ぎの場合	至急
内容を明記する場合	○○在中

❺ 封締め
未開封を意味する封締め

一般的な文書	〆
あらたまった文書	封、緘（かん）
祝い事の場合	寿、賀

❻ 日付
裏面の左上に投函日を記入する

❼ 差出人
裏の右下部に住所を書き、左下部に社名・所属部署・氏名を書くのが正式。最近では左下部にまとめることも多い。横型の場合、番地は算用数字で記す

第5章 コツが凝縮 ビジネス文書作成法

封筒の基本

文書のたたみ方

■ A4用紙　片観音折り

重要な文書を送る場合のたたみ方。紙を開くまで内容がわからないのがメリットです。

❶ 文面を内側にして、3等分になるよう2か所の折り目をつける

❷ 下の3分の1を表側に向けて折る

❸ 上の3分の1をかぶせるように折りたたむ

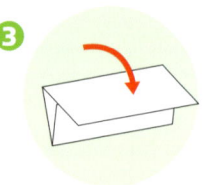

■ A4用紙　Z折り

DMやチラシなどタイトルを最初に見せ、興味を引かせるのに効果的です。

❶ 文面を内側にして、3等分になるよう2か所の折り目をつける

❷ 下の3分の1を表側に向けて折る

❸ 上の3分の1を裏側に向けて折りたたむ

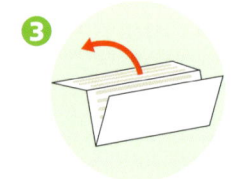

● 封入する前に

文書を書き、封筒の宛名書きも完璧。でも、もう一度確認しましょう。文面に間違いは？　添付する資料はすべてそろっている？　返信用封筒は、その封筒に切手は？……。返信用封筒の要不要がわからなかったら、先輩や上司に尋ねましょう。

これらすべて万全なら大丈夫。きちんと封入し、「封締め」を記しましょう。

こんなときどうする？　宛名ラベルでラクしていい？

宛名ラベルはたいへん便利な半面、非常に事務的な印象をもたれ礼儀としてはマイナスです。文書の種類や内容にもよりますが、大切な相手や用件であれば、手書きがベスト。ただし、窓付き封筒なら印字でもOKです。宛名ラベルの使用は、大量に発送するDMなどに限定したほうが無難で、得策でしょう。

はがきの基本
使い方しだいで格式もアップ

① **情報の選択が第一**：形式上、誰に読まれても責められない。相手や自分にとって不都合な情報がないかを確認したうえで選ぼう

② **何のために送るか**：はがきの長所は「ひと目でわかり持ち運びやすい」こと。移転通知や案内状、招待状などには◎

● 利点・欠点を熟知して

正式な封書に対してはがきは略式で、季節のあいさつや案内状、移転通知などに向いています。また、裏返せばすぐに内容を把握できるため、多忙な人に多用されています。

しかし、不特定多数の人に見られることから、機密事項やプライベートな内容には不向きです。もちろん、目上の人へ宛てる場合やあらたまった依頼、お詫びなどにも不向きです。

正式な式典や展示会などの場合、洋封筒にはがきを入れて送るケースもあります。これは相手が持ち運ぶことをふまえた格式を重んじた折衷案。どの形式にするかは、内容や相手のことを考えて判断しましょう。

はがきの書き方

住所
郵便番号の末尾2つのあいだを目安に、封筒と同じ要領で書き始める

差出人
上下の中央より少し上から書き始める。宛先の住所より小さめの字で、住所はさらに小さめに

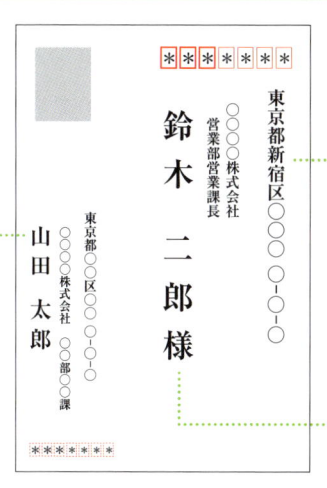

宛名
全体のバランスを考え、中央に大きめの字で書く。敬称を忘れずに

第5章 コツが凝縮 ビジネス文書作成法

紙文書の決まり文句

そのつど
その場に合ったものを

① **暗記は不要**：紙文書のあいさつ言葉は、時候や状況に合わせ、そのつど選ぶ。アレンジは基本を修得してから
② **相手を想定して書く**：相手の人物像や立場、状況などを考えて書くことが大事。失礼のないよう適切な言葉を選ぼう

文書の流れ

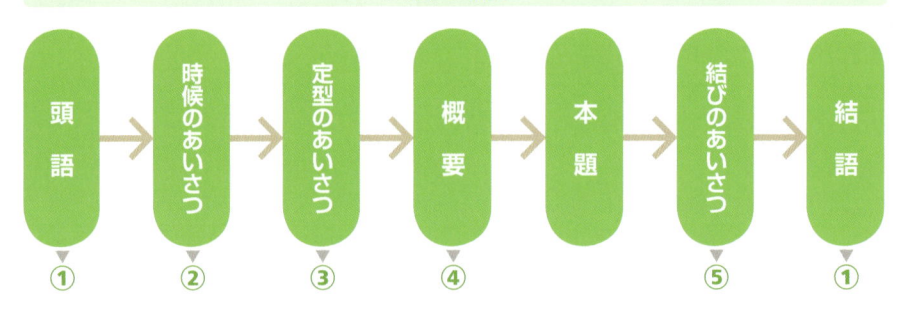

① 頭語 → ② 時候のあいさつ → ③ 定型のあいさつ → ④ 概要 → 本題 → ⑤ 結びのあいさつ → ① 結語

呼称について

文中で自分側と相手側を区別するために使うのが呼称です。間違えると失礼なだけでなく、品格を疑われてしまうので注意しましょう。

呼称早わかり表

対象	自分	相手
個人	私　わたし	貴殿　貴兄　先生
複数	一同　両名　私ども	ご一同様　各位
会社	弊社　小社	貴社　御社
氏名	氏名　名	ご芳名　ご貴名
家族	私ども　一同　家中	皆様　ご一同様
両親	父母　両親	ご両親様　お父様　お母様
承諾	承諾　承る（うけたまわ）	ご承諾　ご高承
授受	受領　拝受（はいじゅ）	ご査収　お納め
努力	微力	ご尽力（じんりょく）
気持ち	微志　卑志　薄志	ご高配　ご芳情　ご厚志
品物	粗品　心ばかりの品	ご佳品　結構なお品

① 頭語と結語

　頭語と結語は必ずセット。文書の種類によって用語が変わります。また、頭語は1字分下げずに頭から書きます。一方、結語は必ず文章の最終行とし、行末の1〜2字分内側に書きます。

頭語と結語早わかり表

文書の種類	頭語	結語
一般的な文書	拝啓　啓上　拝呈　啓白　拝白	敬具　敬白　かしこ（女性のみ） 不一　拝具
ていねいな文書	謹啓　謹呈　謹白　恭啓　粛啓	謹言　謹白　敬白　敬具
前文を省く文書	前略　冠省　略啓　寸啓　草啓	草々　早々　不備　不一
急ぎの文書	急啓　急白　取り急ぎ	草々　早々　不備　不一
返信の文書	拝復　復啓　謹答　拝誦　謹復 御状拝読	敬具　拝答　敬答　敬白　草々 不一　不宣　かしこ（女性のみ）
再信する文書	再啓　再呈	敬具　拝具　かしこ（女性のみ）

② 時候のあいさつ

　ビジネス文書では、短い慣用句で充分です。また、頭語が「急啓」「拝復」「前略」の場合は、省いてもOK。最近では、季節を問わず使える「時下」を用いる会社も多いようです。

時候のあいさつ早わかり表

暦	あいさつ文
1月	寒風の候　初春の候　新春の喜び　酷寒のみぎり
2月	梅鶯の候　春寒の候　立春の候　余寒厳しき折柄　春寒のみぎり
3月	早春の候　春陽の候　春寒次第に緩み　麗日のみぎり
4月	陽春の候　春暖の候　花曇りの昨今　春粧のみぎり
5月	軽暑の候　新緑の候　新緑の色増す季節　晩春のみぎり
6月	長雨の候　初夏の候　若葉青葉の候　向暑のみぎり
7月	盛夏の候　猛暑の候　三伏大暑の候　炎暑のみぎり
8月	残暑の候　晩夏の候　残暑厳しき折柄　新涼のみぎり
9月	初秋の候　新秋快適の候　爽秋の候　新秋快適のみぎり
10月	秋冷の候　菊花薫る時節　秋涼爽快のみぎり
11月	暮秋の候　晩秋の候　夜寒の折柄　向寒のみぎり
12月	初冬の候　歳晩の候　寒気厳しき折柄　忙月のみぎり

③ 定型のあいさつ

　時候のあいさつに続けて書く文章で、相手先の繁栄を祝う言葉です。感謝の意を述べる場合は、さらに「格別のご高配を賜り、厚くお礼申し上げます」などの一文を続けます。

決まり文句
- 貴社ますますご盛栄のこととお喜び申し上げます。
- 貴店いよいよご発展の由、心からお喜び申し上げます。

④ 概要（出だしの一文）

　用件導入部分。「さて」「ところで」などの「起こし言葉」に続けて切り出すのが通例です。文書の主旨を的確にとらえ、要領よくまとめましょう。

決まり文句

- このたびは、ご注文いただき、誠にありがとうございます。
- 貴信によるお申し越しの件、お返事申し上げます。
- さっそくですが、先日お問い合わせいただきました件についてご回答申し上げます。
- 突然お手紙を差し上げる非礼をお許しください。
- 甚(はなは)だ申し上げにくいことですが、折り入ってお願い申し上げます。
- 先日お貸し出しいたしました○○について、本日筆をとらせていただきました。
- このたびの多大なご迷惑をおかけしました件、幾重(いくえ)にもお詫び申し上げます。

⑤ 結びのあいさつ

　文書そのものを締めくくる一文です。内容によって、理解を求める、結果をうながすなどの行為を示唆するものとし、ていねいに記します。

決まり文句

- まずはとり急ぎ、ご報告申し上げます。
- まずは略儀(りゃくぎ)ながら、書面にてごあいさつ申し上げます。
- 以上、お礼方々お願いまで。
- 時節柄、ご自愛専一(じあいせんいつ)にてご精励くださいますようお願い申し上げます。
- 本年も倍旧のご支援ご厚情(こうじょう)を賜(たまわ)りますようよろしくお願い申し上げます。
- ご一同さまのご健康とご多幸を祈りつつ、まずは寒中のお見舞いまで。
- ご多忙とは存じますが、ご返事を賜りますようお願い申し上げます。

マメ知識

「記」って何？

ビジネス文書に記されている「記」は、本文とは別に文書の趣旨を箇条書きとしてまとめた部分のこと。これを入れるだけで、格段にわかりやすく簡潔にまとまります。

ところで、文章中にときおり見られる「下記にあげました～」「上記にあるような～」といったくだり。これは「記」の部分をさす一文です。そのため、「記」がない文書で「下記」「上記」と書くのは本来なら間違いだとする説も。その場合は「以下」「次の」「前述の」といった言葉に置き換えるとよいでしょう。

詫び状　～信頼関係を修復するために～

トラブルやクレームがあった場合に必要な詫び状は、迅速な連絡や対応をおこなったのち、あらためて書面で謝罪の気持ちを述べる際に作成します。その件について<mark>自社に完全に非がある場合は、「前略」「急呈」「急啓」などで定型のあいさつを省き、すぐ本文に入ると、こちらの誠意がいっそう伝わりやすくなります。</mark>

文中には、反省の言葉だけでなく、今後の対策や同じ過ちを犯さないための姿勢を充分に示すことが重要です。

トラブルもクレームも対応いかんでは、すぐに信頼関係を回復できる可能性を秘めています。それは、迅速でていねいな対応が、「こんなに親身に一生懸命対応してくれている」という安心感を相手に抱かせるからです。そのためにも誠心誠意努めてください。

これなら大丈夫　詫び状のOK文書

文例では原因を「調査中」としていますが、この場合は調査結果が出たのち、それを説明する書状を送るのがベストです。

拝復❶　平素は格別のお引立てを賜り、厚くお礼申し上げます。

　さて、○月○日付で配送いたしました弊社製品「○○○○」のキャスターと留め金部分に一部不具合があるとのご連絡をいただきました。❷誠に申し訳なく、深くお詫び申し上げます。さっそく、○月○日（木）の速配にて代替品の配送を手配いたしました。配送時には弊社エンジニアが同行いたしますので、製品をご確認のうえ、不良品をお渡しいただきますよう、❸お願い申し上げます。

　従来、弊社では製品チェック、配送管理には充分配慮しておりますが、今回の件につきましては、どの段階に問題があったのかを入念に調査中です。❹今後は、二度とお客様にご迷惑をおかけしないよう、今まで以上に細心の注意を払ってまいる所存です。今回の件に懲りずご愛顧のほど、重ねてお願い申し上げます。

敬具

詫び状の押さえどころ

❶ 頭語
相手からの指摘を受けて出す場合、頭語は「拝復」となる

❷ お詫びの理由
何についてのお詫びなのかを明確に

❸ 状況に対する対処
なるべく相手の手を煩わせないような対処法を講じることが大切

❹ 根本的な対策
同じ過ちを繰り返さないために会社としてどう取り組んでいくのか、現状での対応策を具体的に記す。原因が判明している場合は、それを簡潔に示したのち、対策について述べる

第5章　コツが凝縮　ビジネス文書作成法

メールの基本
便利だからこそ基本を押さえて

① **便利だから気をつけて**：ひんぱんに使うメールだからこそ、公私の区別を厳格に。文書としての礼儀は、紙文書同様と考えよう

② **件名で興味を引こう**：「いつでも見てもらえる」は「いつまでも見てもらえない」の裏返し。重要案件では件名で注意をうながそう

● メールの使いどき

ビジネスツールとしてひんぱんに利用されるメール。コストをかけず瞬時に情報の伝達ができ、電話のように相手の時間を奪うこともないので、日常的に役立てたいツールです。

大勢へ一度に同じ情報を送る場合や記録として残す場合、ファイルを添付して送りたい場合には最適でしょう。ただし、紙文書よりは軽いコミュニケーションとしてとらえている人も多いため、お礼状やお見舞い状には不向きです。相手との関係に配慮して使い分けましょう。

書き方については、紙文書ほど厳格なルールはありませんが、メールならではの留意点がいくつかあります。しっかり押さえておきましょう。

ここを工夫しよう！

件名

ひと目で内容を識別できるものがベストです。受信者は、まず件名で急を要すかどうかを判断するため、後回しにされない具体的な件名にしましょう。

見てもらいやすい例
- ○月○日 ビジネスメール研修について
- 山田先生との会食（○月○日）について
- 【至急】○○工事のお見積り確認
- 来週の営業セミナー受講枠について
- （返信不要）先日はありがとうございました

自己紹介文

ひんぱんにやりとりしている相手には、儀礼的なあいさつ文は不要です。初めての相手には、「どの会社で」「何をしている」「誰なのか」という基本情報を盛り込んで。

一般的な例

初めての人に	はじめまして。○○社営業部の鈴木和明と申します。
取引先に	いつもお世話になっております。○○社の鈴木和明です。

メール文書のOK例

見やすいメールをつくるには、適度な文字数で改行することと、区切りごとに行間を空けることが大切です。そのためには不要な言葉を省き、簡潔な文章を心がけましょう。

```
① 株式会社○○商会
   販売促進部　中川良子様

② いつもお世話になっております。
   株式会社タイヘイ営業企画部の鳥羽です。
③
④ 新製品キャンペーンの第3回打ち合わせが
   以下の日時に決定いたしましたので、ご連絡いたします。

⑤ 【第3回打ち合わせ】
   ■日時：20XX年○月○日（水）
   　　　　午後3時～4時
   ■場所：弊社5F　第2会議室
   ■議題：製品パンフレットの内容について

   以上となります。
⑥ ご多忙とは存じますが、ご出席くださいますよう
   何とぞよろしくお願い申し上げます。

   ******************************
⑦ 株式会社タイヘイ
   営業企画部　鳥羽かおる
   〒○○○－○○○○　東京都武蔵野市吉祥寺△丁目△－△
   電話：042－1234－△△△△
   FAX：042－1234－△△△△
   mail ：taihei@××××.co.jp
   ******************************
```

❶ 宛名
社名や部署名は(株)のように省略せず、正式に記す

❷ 自己紹介
通常はこれで充分。初めての相手にはきちんと紹介を

❸ 行間
3～5行を目安に1行空ける

❹ 概略・本文
簡潔に。25～30字ほどで改行すると見やすい。長くても1スクロールまで。それ以上は添付ファイルにするなどの工夫を

❺ 要旨
紙文書でいう「記」。■●などの記号を使ってわかりやすく

❻ 締め
必ずひと言添えて締める

❼ 署名
送信者の所属・氏名・連絡先をコンパクトに

こんなときどうする？　返信が来ない！

返信がないということは、メール自体が届いていない、まだ読んでいない、返信する必要がないと思っている、返信を失念しているなどの理由が考えられます。

催促する前に、送ったメールをチェックし宛先や内容（わかりやすさ、期限の設定など）に不備がなかったか確認します。期限に余裕があれば、送った事実、期限の再設定、遅れた場合どうなるかを伝え再送しましょう。

期限まで間もない場合は、電話で確認と催促をするなど工夫してみてください。

メールの定型句&テクニック
定型句でリズミカル&ていねいに

① **簡潔&的確な文章を**：メールは原則1スクロール以内の分量。回りくどい表現を避け、テンポよく伝えるために定型句を活用

② **言葉選びは慎重に**：メールは、顔の見えないやりとり。相手しだいで良くも悪くも受け取られる。誤解を避けるためにも慎重に

書き出し

王道の書き出し
- いつもお世話になっております
- ご無沙汰しております
- 先日はお世話になりました
- 先ほどはお電話にて失礼いたしました
- 本日はわざわざご足労いただき、ありがとうございました

＊メールでは次の用語を省略できる
・「拝啓」「敬具」のような頭語や結語
・「時下益々……」など定型のあいさつ

心の距離を縮める書き出し
❶ **事実を述べる**
　例
　- 年末にお会いして以来ですが、お元気でいらっしゃいますか。
　- 先日はおいしいものをいただき、本当にありがとうございました。

❷ **気づかいを見せる**
　例
　- 先日の飲み会のあと、終電には間に合いましたか。
　- お体の具合はいかがでしょう？

❸ **興味を示す**
　例
　- 先日、ご紹介いただいた〇〇に行ってまいりました。とてもすばらしい〇〇で、感動いたしました。
　- 先日伺った〇〇のお話がたいへん興味深く、自分でも少し調べてみました。

締めの言葉

定番の締め
- ご協力のほど、よろしくお願いいたします。
- よろしくご検討くださいませ。
- では、またご連絡いたします。
- 略儀ながら、まずはお礼かたがたメールいたしました。
- 取り急ぎメールにてご通知申し上げます。
- 本日は取り急ぎ用件のみにて失礼いたします。

心の距離を縮める締め
- またお会いできる日を楽しみにしております。
- 今度お会いした際は、ぜひまた○○のお話をお聞かせください。
- 寒い日が続きますので、お体にはくれぐれもお気をつけくださいませ。
- ○○様のご多幸をお祈り申し上げます。
- いつもとても参考になるアドバイスをいただき、誠にありがとうございます。
- いつでもお気軽にご連絡くださいませ。

お詫びメールはここをチェック！

お詫びメールも、基本的には紙文書とあまり変わりません。すぐに対応できる点でメールは有利ですが、ていねいさは紙文書に劣ります。そのため、お詫びの言葉と取り急ぎ対応していることを具体的に示して、相手に安心感を与えることを目的としましょう。また、必要であれば電話でフォローをしましょう。

なお、お詫びメール作成の際は、以下の点をチェックしましょう。

- 件名に「お詫び」の文字を入れたか
- 手間取らせた非礼を詫びているか
- 現状の対応策が入っているか
- 根本的な問題解決策を示しているか
- 二度と繰り返さないとの表明はあるか
- 付き合いの継続をお願いする言葉はあるか

親しくなりたいのはわかるけど……

原則として、ビジネスメールでは顔文字を使いません。また、「!?」や「(笑)」も本来はNGです。何度も連絡を取り、気心の知れている相手なら、例外的にOKですが、多用するのはマナー違反です。

また、目上の相手には、失礼にあたるので注意しましょう。

第5章　コツが凝縮　ビジネス文書作成法

FAXの基本
上手に使えば作業効率が大幅アップ

① **重要文書や画像はNG**：FAXは第三者の目にふれるもの。画像は不鮮明になるため、避けるか拡大コピーを送る

② **送信票を忘れずに**：送信票は、送信概要とあいさつ文を兼ねたもの。受信トレイ上では他社案件との区切りにもなるので、必ず送る

● FAXの使いどき

FAXは、簡単な地図や図版、急いで確認してもらいたい場合などには最適です。また、電話説明時のフォロー役としても活躍しています。

ただし、細かい文字や詳細な画像は見にくくなるため、拡大して送るなどの心づかいも忘れないでください。

注意点は、==社内の誰が見てもおかしくないため、「個人情報や機密事項などの重要文書で使わない」==ということ。

また、枚数が多い場合は、相手先の紙を大量消費することになるので、電話などで事前に可否を尋ねましょう。

送信時にはここをチェック

相手の使用状況によってはメモリーがいっぱいで出力まで時間がかかる場合も……。次のチェック表で確認するとともに、事前にFAXの使用状況を確認しておくとよいでしょう。

FAX送信時チェック表

- ☐ 個人情報や機密情報が書かれていないか
- ☐ 複数枚送信する場合、全用紙に通し番号を入れたか
- ☐ 枚数が多い場合、事前に相手の許可を得たか
- ☐ 画像などが見えなくなるおそれはないか

FAX送信票のOK例

❶ 株式会社○○○○
広報部企画課　高島紀子様

❷ 株式会社□□□□　企画営業部　早坂　昇
〒○○○-○○○○　東京都中野区○町○-○
電話：03-1234-○○○○
FAX：03-4567-○○○○

❸ FAX送付のご案内

❹ 送　信　日：　平成○○年○月○日
添付書類：　3枚（本状を含む）
内　　　訳：　送信票（本状）／レイアウト案／イラスト素案

❺ 平素は格別のご高配を賜り、厚く御礼申し上げます。
上記の書類をお送りいたします。イラストはラフの段階ですので、
高島様のご意見をいただきたく存じます。
のちほどご連絡いたします。ご確認のほど、よろしくお願い申し上げます。

以上

送信票の記載内容

❶ 送信先情報
社名・部署名・担当者名でOK。誤送信時の情報流出を避けるため、あまりくわしく書かないこと

❷ 差出人情報
会社名・担当部署名・住所・電話番号・担当者名

❸ 件名
送信票であることがわかるように明記。会社で使用するものにはたいてい記載されている

❹ FAXに関する情報
送信年月日、送信枚数、内訳など

❺ 簡単なあいさつ
時候のあいさつは不要。相手に「してもらいたいこと」を明記し、「よろしくお願いします」など、一筆添えるとよい

送信後にすべきこと

FAXは、先方の状態によってはほかの書類に紛れたり、メモリーがいっぱいで出力待ち状態が延々と続いたり、受信していることにさえ気づいていなかったりします。また、途中で文字が切れる、図が判別不能になるといったケースも多いので、必ず「送りました」と電話を入れましょう。その際、少しでも不明な部分がないかも確認することが重要です。

> ステップ・アップコラム ❹

チリも積もれば効率アップ

　研修期間を終えて実際に働き始めると、企画、説明資料、稟議（りんぎ）、依頼、請求などビジネス文書の多さに気づくでしょう。しかし、それ以上に使われているのがメールです。一日外出していると、帰社したときにはメールの山。確認して返信するだけでも小一時間はかかります。

　ならばこの1時間が30分に短縮できるとしたらどうでしょう？　その秘訣が、次の2点です。どちらも簡単なので、すぐに実践できるはずです。

秘訣 その1　登録

　パソコンの辞書機能を使って、定型文を登録しておく方法です。たとえば、「いつもお世話になっております」とローマ字入力で入力するには、「itumoosewaninatteorimasu」とキーを24回もたたかなければなりません。ところが、この定型文を「い」という文字で登録しておけば、「i」1文字と変換キーだけです。

　これだけでは、ほんの数秒の短縮ですが「いつもお世話になっております。株式会社△△　営業部の○○です。」まで登録すれば、さらに効果的です。

　こうした登録を工夫しておこなうと、日に数分近く作業時間を短縮できます。

秘訣 その2　保存

　保存といってもバックアップではありません。メールのテンプレートをつくって保存しておくのです。お礼メール、確認メール、納品予定のお知らせなど、使用頻度の高いパターンを毎回ゼロから入力していたのでは、それこそ時間のムダ。あらかじめメールのテンプレートを作成し、別ファイルで保存しておきましょう。

　保存するファイルはメモ帳でOK。その際、相手先の名前や日付、金額など書き換えが必要な箇所は「●●●●」と黒ベタ伏字にしておけば、必ず目にとまります。あとはフォーマットをメール作成画面にコピーして、伏字部分を書き直すだけ。

　どちらも小さな工夫ですが、チリも積もれば効率アップへとつながります。日ごろ忙しいと嘆く前に、ひと工夫してみてはいかが？

第6章

恥をかかない冠婚葬祭（ビジネス版）

上司や先輩、取引先の冠婚葬祭……
ビジネス関係は普通と違う？
これさえ知っていれば
どこでも対応できるHOW TOマナー

第6章監修●岩下宣子（マナーデザイナー）

結婚披露宴の招待状

せっかくの誘い 極力参加しよう！

① **返信は1週間以内**：新郎新婦は、はがきで出欠の確認・管理をしている。人数調整などの手間もあるので、すみやかに返信を

② **欠席は理由をぼかす**：理由を正直に話す必要はない。「都合がつかない」程度のあいまいさで断るのも、思いやりのひとつ

● 会社関連ならこれもビジネス

　社会人になると、さまざまな年代の人とのつき合いが始まります。そのため、入社1年目から結婚披露宴の誘いを受けることもあるでしょう。とはいえ、新人のころは衣装の新調やご祝儀の捻出が厳しいもの。

　もちろん気乗りしない人も多いでしょうが、仕事関連ならそれもビジネス。割り切って出席するのが理想です。できる限り参加するよう、スケジュールと予算を都合してください。

　招待状への返信は、右ページのとおりでOK。どの招待状も似たような形になっています。最後に余白へ一筆添えて返信しましょう。この一筆に困る人も多いでしょうが、右ページ下の例文を参考に「自分ならどんな言葉がうれしいか？」を考え、それを書けばいいのです。

● 欠席の場合の断り方

　披露宴は新郎側と新婦側の参加人数がほぼ均等になるように調整されています。もし、あなたが不参加であれば、代わりの人を招待しなければならないため、遅くとも1週間以内に返信してください。

　また、法事などの悲しみごとと重なった場合は、あいまいな表現で断るのがマナー。プライベートな用事と重なったときも、「よんどころない用事で……」などと切り出して断りを入れましょう。

返事はメールでOK？

　問題ありませんが、新郎新婦ははがきで出欠を管理しているので、返信はがきも必ず送ります。「メールで伝えたから」と、一筆添えを省略する人もいますが、なるべく書き添えること。

　返信はがきは、新郎新婦が最初にいただくお祝いメッセージです。しっかり気持ちを伝えましょう。

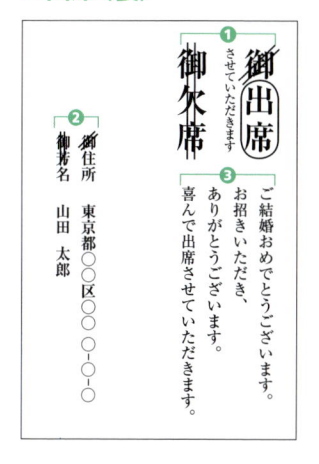

招待状・返信のしかた

■ 出席（裏）　　　■ 欠席（裏）　　　■ 表

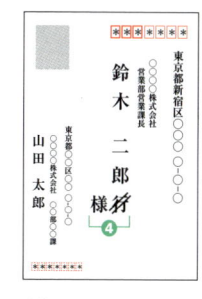

＊二重線ではなく、字の上から赤ペンや朱の墨で「寿」を書いて訂正するやり方も。字の力を借りて祝福ムードもUPします

❶ 御出席・御欠席
「御」の字を二重線で消し、○をつける。その際、横に「させていただきます」と添え書きを。○をつけないほうも二重線で消す

❷ 御住所・御芳名
御住所は「御」の字を、御芳名は「御芳」の字を二重線で消すこと

❸ メッセージ
簡単なお祝いの言葉を必ず添える。欠席の場合は、その理由をぼかして記入する

❹ ○○行
「行」は「逝く」と同じ音で、おめでたい席ではNG。二重線で消して「様」と書き換える

一筆添えメッセージの例

出席、欠席、どちらの場合も、まずは「おめでとうございます」の言葉を記し、メッセージに入ります。

出 席
- すてきな披露宴になりそうですね。楽しみにしています。
- ○○さんらしい披露宴、期待しております！
- ○○さんのドレス姿、今から楽しみにしています！
- 何か手伝えることがあれば言ってください！
- 最近の幸せそうな顔のワケは、これだったんですね（笑）

欠 席
- せっかくのご招待申し訳ありません。よい披露宴になると思います。あとでぜひ、写真を見せてくださいね！
- その日は都合により参加できませんが、○○さんの幸せを心より祈っております。
- 参加できないのが残念ですが、後日、新居に遊びに伺いたいと思います。楽しいお話とすてきな写真を拝見できることを期待しております。

第6章　恥をかかない冠婚葬祭（ビジネス版）

ご祝儀、祝電の基本
お祝いの気持ちを形に

① 互助(ごじょ)の精神：金銭的に大変。でも、自分のときにもきっと祝ってくれる。そんな助け合いの気持ちが、ご祝儀の形となる

② 欠席なら電報を：披露宴にやむを得ず欠席する場合は、祝電を。祝福の気持ちをあらわすことで、信頼の絆(きずな)がより強まる

● 互助の精神で気持ちよく祝いましょう

ご祝儀とは、慶事(けいじ)(喜ばしいこと)に対する祝福の気持ちを形にしたものです。「必ず渡すもの」と認識されていますが、これは「いずれ自分たちが挙式するときにも同じようにしてくれる」という互助(互いに助け合う)精神のあらわれといえるでしょう。金銭的に大変かもしれませんが、新郎新婦はもっと大変。「やがて自分の番が来る、お互いさまなのだ」と気持ちよくお祝いしてあげてください。

また、ご祝儀を渡すときは、袱紗(ふくさ)を使うと体裁(ていさい)が整い、人の目にも美しく見えます。持っていない人も多いと思いますが、比較的安価で購入できるので、この機会に持っておくことをおすすめします。

● 袱紗って何？

もともとは、漆器など高価な品物の上にホコリよけ、日焼け防止のためにかけていた布(風呂敷)。つまり、「お祝いを傷めないよう、ホコリがつかないよう丁重に扱っています」という証(あかし)が袱紗なのです。暖色は慶事、寒色はお葬式などの弔事(ちょうじ)に使い、紫なら慶弔両方に使えます。

包み方は、慶事と弔事で微妙に違います。

袱紗の包み方　〜慶事〜

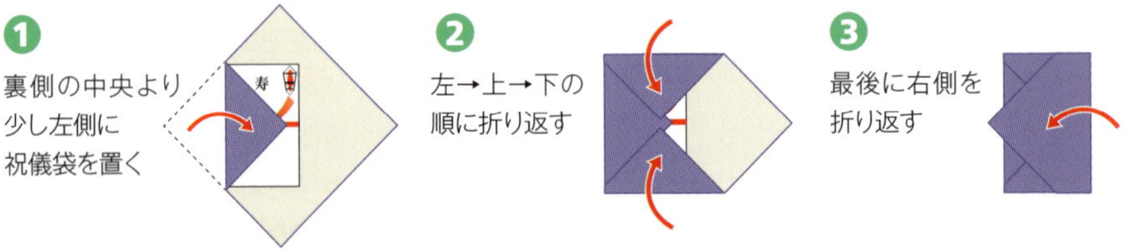

❶ 裏側の中央より少し左側に祝儀袋を置く

❷ 左→上→下の順に折り返す

❸ 最後に右側を折り返す

祝儀袋の書き方

■ 外袋（表）　■ 外袋（裏） 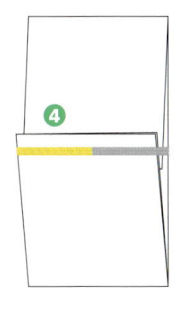　■ 中袋（表） 　■ 中袋（裏）

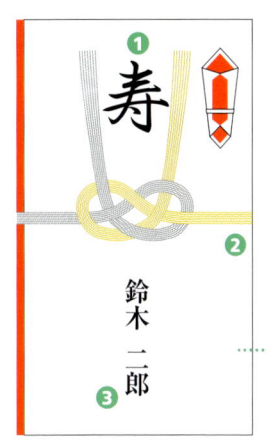

❶ 寿
❷ 水引
❸ 鈴木 二郎
❹ （折り方）
❺ 金三萬円
❻ 鈴木 二郎　東京都○○区○○○-○-○

……… 祝儀袋
白や紅白が一般的。ポップな色合いの祝儀袋は略式。目上の人には失礼にあたるので控える

❶ 寿
印刷済みのものが多い。ない場合は、毛筆で「寿」や「御結婚御祝」の文字を

❷ 水引（みずひき）
先端が上を向いている「結び切り」を。何度も結び直せる蝶結びは、結婚祝いには厳禁

❸ 芳名
個人の場合は真ん中、連名なら右から地位の高い順に。グループは代表者氏名の左に「外一同（ほか）」とする

❹ 折り方
結婚式のような慶事の場合は、上→下の順で折る

❺ 金額
表には「金○萬円」と入金額を書く。「○万円」と書いてもよい。なお、お金は必ず新札を用意する

❻ 差出人
氏名と住所を書く

祝 電

披露宴を欠席する場合は、電報で祝意を伝えます。文面に迷うところですが、NTTでは定型文が多数用意されています。それをベースにすれば披露宴にふさわしい晴れやかな文章がつくれます。

■ 送り方

1. 文面を考え、電報の種類（ギフトつきなど）を決める
2. 結婚式場の住所と披露宴の日時を確認
3. NTTに申し込む

電話申し込みの場合
115に電話し、オペレーターに伝える

インターネットサイトからの申し込みの場合
● NTT東日本
http://www.ntt-east.co.jp/dmail/
● NTT西日本
http://dmail.denpo-west.ne.jp/

披露宴の装い ～男性編～

新人は略礼装でもOK

① **ダークスーツで充分**：友人・知人の披露宴なら、手持ちのダークスーツと慶事用ネクタイ、ポケットチーフでOK
② **使い分けも知っておく**：ビジネスの一環として出席するなら、昼はグレー、夜は濃紺と使い分けるのがベスト

● ふだんのスーツにひと華添えて

洋服にも格があり、フォーマルな順から正礼装、準礼装、略礼装となります。ただし、披露宴は公的な式典と違い、新郎新婦の個人的なパーティー。あまり格式にこだわる必要はありません。友人、知人としての参加ならば略礼装で充分です。

略礼装とはダークスーツのこと。第1章で紹介したチャコールグレーや濃紺のスーツがまさにこれにあたります。このスーツに白いワイシャツ、シルバーグレーのネクタイ、ポケットチーフ。この3点を身につければ充分通用します。

多くの人が着ているブラックスーツですが、これは日本独自の礼装です。外国人が多い披露宴では避けたほうがよいかもしれません。

礼装の使い分け

礼装の使い分け（昼）

服装	
正礼装	モーニング
準礼装	ディレクターズスーツ ブラックスーツ
略礼装	ダークスーツ

礼装の使い分け（夜）

服装	
正礼装	燕尾服　タキシード
準礼装	ファンシータキシード ファンシースーツ
略礼装	ダークスーツ

＊日没を境に、昼夜を区分します。ただし、略礼装は昼夜不問です

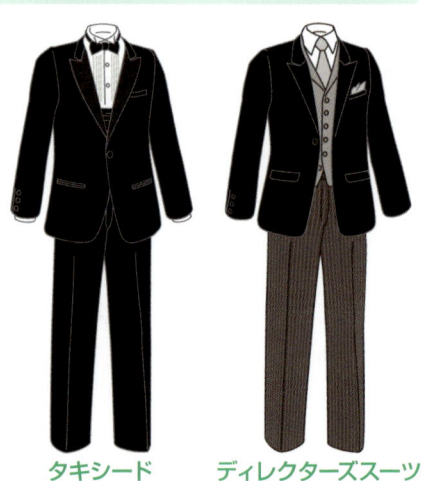

タキシード　　ディレクターズスーツ

華やかさを演出するアクセサリー

　ダークスーツでも充分とはいえ、披露宴はパーティーなので多少の華やかさは必要です。以下のアクセサリーで自分を演出しましょう。

ネクタイ
日本での主流は、シルバーグレー。外国ではもっとカラフルに

ネクタイピン
基本的に見える位置にはつけない。できればカフスボタンとネクタイピンで色を合わせる

ベスト
無地のシルバーで、それに合うジャケットがあれば◎。なければ、スリーピースのスーツのものでOK

ポケットチーフ
とくに色の決まりはない。ネクタイと合わせるのが無難

カフスボタン
手元のおしゃれは、紳士のたしなみ。つけるとかなり印象が違う

第6章　恥をかかない冠婚葬祭（ビジネス版）

こんなときどうする？　「平服で」といわれたら？

　平服だからと、ジャケットにポロシャツ、ジーンズではNG。ここでは、「着慣れたスーツ姿」と解釈するのが正解です。着る服を事前に見て、シワやシミ、汚れをチェックし、気になるようならクリーニングに出しておきましょう。

披露宴の装い ～女性編～

会場を彩る華になる

① **会場に咲く華に**：女性は二人の幸せを彩る華。新婦より目立たない範囲で華やかな装いを。スーツの場合も彩りを忘れずに
② **最上級のドレスは**：洋装の最上位格は、ワンピーススタイルのドレス。昼は淑女に、夜は蝶のようにと装いを変えてみると◎

● 和・洋より昼・夜に気を使う

キリスト教式だから和装はNG、ということはありません。洋装でも和装でも、格の高いものを着ることが相手を立てることになります。

洋装の場合は、昼夜で着るものが変わります。昼は、なるべく肌を見せないアフタヌーンドレスなどのワンピーススタイル。夜は、胸・背・肩などが開いたイブニングドレスなどのワンピーススタイルです。そのほか、アンサンブルやツーピースでも構いませんが、ワンピースがもっとも格上と覚えておきましょう。

アクセサリーについては、弔事ほど厳格な決まりはありません。ただ、光り輝くものは新婦が身につけるので、控えるのが礼儀。派手めのもので服装につり合うもの、新婦よりも目立たないコーディネートを心がけましょう。

● スーツで参加

パーティーなので、ビジネスと同じような服は避けます。ベロアやシルバー系など、エレガントに見えるものをベースにコーディネートしましょう。

靴はヒール。飾りやエナメルの入った派手なものが披露宴にマッチします。アクセサリーは昼ならワンポイントの色づかい、夜ならライトに映えるものなどを合わせ、華やかさを演出しましょう。

披露宴に華を添える一着

洋装（昼）
基本は、アフタヌーンドレス。シックな装いをベースにアクセサリーで彩りを

洋装（夜）
肩や胸が大きく開いたイブニングドレス。華やかな装いで女性らしさを演出

和装
未婚女性の正装は振袖ですが、あまり派手な柄は控えて。既婚者は留袖が正装

こんなときどうする？
披露宴に行ける服なんてない！

季節はずれ、サイズが合わない、使ってないから汚れがひどい……。着ていく服がない場合、レンタルするのが便利です。新調するよりかなり安く、毎回違うドレッシーな自分を演出できます。専門業者を知らない場合は、新婦や披露宴会場の人にこっそり尋ねれば、教えてくれます。

NG 披露宴のNGルック

- ✗ 新婦より派手な服装
- ✗ 上下ともに白（新婦と同じ色）
- ✗ ブラックスーツにシックなアクセサリー（お葬式に見える）
- ✗ チャイナドレスなどの民族衣装（二次会向き）
- ✗ アクセサリーのつけすぎ、光りすぎ（ネックレスを2つ重ねるなど）
- ✗ あまりに盛りすぎたヘアースタイル
- ✗ ワニ革・蛇革などの革製品（殺生を意味する）
- ✗ 厚底靴やブーツ

第6章 恥をかかない冠婚葬祭（ビジネス版）

受付を頼まれたら
受付・祝辞・余興 それは信頼の証(あかし)

① **身内の気持ちで**：受付や祝辞などを頼まれるのは、「身内も同然」と信頼されているから。最高の笑顔で役割を果たそう
② **細かな気配りを**：事前に名簿でゲストを確認し、会場のチェックを。小さな気配りが、ゲストを幸せな気持ちにする

● うれしい席だからこそ細やかな気配りを

　受付は、ゲストの方々が最初に目にする披露宴の顔。そこで求められるのは、清潔さと笑顔です。身なりを正して、最高の笑顔でゲストを迎えてください。

　受付中は、新郎新婦の身内としてふるまいます。そこで、新郎新婦からあらかじめ名簿をもらっておきましょう。遠方からのゲストをチェックしておき、「遠くからありがとうございます」と声をかけたり、恩師などの特別なゲストには、「先生のおかげで〜」と新郎新婦からの言づけを伝えたりすると、当のゲストだけでなく新郎新婦にも喜ばれます。

　また、トイレや喫煙場所なども聞かれやすいので、前もって会場のチェックをしておくことも忘れないでください。

祝辞（スピーチ）＆余興

■ **祝辞**

　新郎新婦とのエピソードを交えながら、お祝いの言葉を述べます。若い人のスピーチに格式ばったものは求められていないので、ユーモアを含めて場をなごませるものがベストです。

　なお、披露宴では、言ってはならない「忌み言葉」があります。たとえば、「切れる」「流れる」といった言葉です。スピーチ原稿をつくったら、一度調べてみることが大切です。

■ **余興**

　スピーチ同様に場を盛り上げることが目的です。ただし、悪ノリは厳禁。演じるタイミングがお色直しと重なる場合もあるため、仲間に向けた余興ではなく、「新郎新婦の両親に見せる」という心構えで演目を選ぶとよいでしょう。

　これも大切なのは準備です。何度も練習を重ね、しっかりつくり込んでください。

受付当日の流れ

会場入り	新郎新婦、ご両親、親族にお祝いのあいさつを このとき「伝言したい人がいるか」などを聞いておく
会場の下見	トイレ、クローク、控え室、公衆電話、喫煙場所をチェック また、自分の身なりも今一度確認
最終確認	名簿で祝辞、余興、主賓の名前を確認 ご祝儀の管理者や段取りの確認も必ずしておく
受付準備	芳名帳、筆記具、ご祝儀を受ける盆や収納する袋や箱を整える
ゲスト来場	お礼を言って記帳をお願いし、祝儀袋を渡されたら両手で受け取る。記帳が済んだら席次表を渡す
受付終了	全員が来場、または受付終了時間になったら、ご祝儀と芳名帳をまとめて指定された人に渡す
披露宴に列席	受付の周囲を確認し、落としものや忘れものがないかチェック。なければ会場へ

声のかけ方

対象	声かけ
全員に	「ご出席ありがとうございます。こちらにご署名をお願いいたします」
ご祝儀を受け取って	「ありがとうございます」「お預かりいたします」
祝辞、余興担当者に	「ご祝辞(余興)よろしくお願いいたします」
恩人に	「○○(新郎新婦)も○○様のご来場を楽しみにしておりました」
遠方から来た人に	「遠くからありがとうございます」

最高の笑顔で一礼し、はっきりと元気に声をかけて

こんなときどうする？ ご祝儀を渡されなかったら？

慶事は事前にわかっているので、自宅を訪問し前もってご祝儀を渡すのが本来の礼儀です。むしろ、受付でご祝儀を渡すことよりマナーにかなっています。ご祝儀を渡されなくても事前に渡していると認識し、笑顔で応対してください。

第6章 恥をかかない冠婚葬祭（ビジネス版）

テーブルマナー ～西洋料理～

楽しく安全に食べたい気持ちから

① **難しく考えない**：細かいことは必要なし。マナーは「楽しく安全に食べる」ための３つの基本だけ。それで充分

② **基本３か条**：「自分も人もケガのないよう安全に」「不快な音や不快なものを見せない」「食べる順番を守っておいしくいただく」

● マナーにはきちんと理由がある

お箸を使う日本人にとって、西洋のテーブルマナーは「何がなんだかわからない」「堅苦しい」というイメージでしょう。しかし、実際はそうでもありません。

完璧を求めるならばナイフの持ち方、使い方など覚えることはたくさんあります。しかし、そのすべては上にあげた基本３か条に通じているのです。

これからテーブルマナーの基本を紹介しますが、もし、途中でどうすればよいのかわからなくなったら、基本３か条を思い出し、ここからブレないようにふるまってください。これで大きな間違いを犯すことなく、食事ができるはずです。

● テーブルマナーの起源

15世紀までのフランス。当時はナイフとスプーンはあるものの、フォークはなし。会食者は料理を指でつまんで食べ、汚れた指をテーブルクロスの端で拭いていました（テーブルクロスはそのための布）。

そこからテーブルマナーが発展したのは、フランス王家とイタリア・メディチ家との婚姻によるといわれています。フランスの第２王子（のちのアンリ２世）とカトリーヌ・ド・メディシスの結婚（1533年）。そして、アンリ４世とマリー・ド・メディシスの結婚（1600年）。この２つの結婚を期にフランスとイタリアの文化が一体となり、テーブルマナーがつくられたようです。

フルコースとは？

料理が１品ずつ出てくるコースメニュー。順番は、オードブル、スープ、魚料理、シャーベット、肉料理、サラダ、デザート、フルーツ、コーヒー（紅茶）。

テーブルセッティング

食器類の基本

カトラリー
献立順に外側から内側へ並んでいる。料理が運ばれてくるたびに外側から使えば間違いない

グラス類
飲料別に分かれている。料理に合わせて注がれるが、自分からグラスを持つ必要はない

お皿
お皿は持たない。ただし、スープの残りが少ないときに多少傾けるくらいならOK

カトラリーの基本

❶ 持ち方
右手にナイフ、左手にフォークが基本（右利きの場合）。左利きの人は、申し出れば並べ替えてくれる

❷ 中座するとき
ナイフとフォークを「ハ」の字に。ナイフの刃は内側に向けておく

❸ 食後
ナイフとフォークを右側に並べる。残すときもこのように置けばお皿を下げてくれる

ナプキンの基本

❶ 食前
ナプキンを二つ折りにし、折り目を手前にしてひざにかける。注文が必要な場では、注文後にひざへ

❷ 口の拭き方
食事中や食後の場合は、端を持って内側で拭く。そのあとは汚れが見えないようにしてたたむ

❸ 食後
軽くたたんでテーブルへ。しっかりたたむと「食事が口に合いません」のサインに。中座する場合はイスに置くこと

第6章 恥をかかない冠婚葬祭（ビジネス版）

テーブルマナー ～西洋料理～

魚料理

非常に食べにくい魚料理。裏返すのはNGです。基本は、上側の身→中骨を取る→下側の身という順で食べていきます。

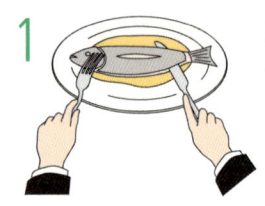

1 左手のフォークで頭を押さえ、頭側から中骨に沿ってナイフを入れる

2 身がはずれたら皿の奥へ置き、左からひと口ずつ切って、ソースをからめながら食べる

3 中骨と下の身のあいだにナイフを入れ、骨をはずして皿の奥へ

4 下側の身はそのままの位置で、やはり左から食べていく

肉料理

肉料理も、基本は魚と同じ。左側からひと口大に切って食べましょう。

大きめの肉料理
左側からひと口ずつ切り、ナイフでソースをからませて食べる

骨つきの肉料理
フォークで押さえながら骨に沿ってナイフを入れる。手は使わない

串焼き
ナプキンで串を押さえ、右手にフォークを持って肉から抜く

マメ知識

料理とお酒

西洋料理には、肉には赤ワイン、魚には白ワインという基本があります。赤ワインはタンニンが豊富で、口内や胃の脂分をとりやすいから肉向き、白ワインは赤ワインほど濃厚ではないため、淡白な魚向けといった理由からです。しかし、基本3か条にある「おいしくいただく」ためには、自分の好きなお酒を注文しましょう。この理屈が本当か体験してみるのも楽しいですし、自分の好きなお酒でおいしいものを食べるのも楽しいことです。

主食&デザート

パン

ひと口ずつちぎって食べる。バターなどを使う場合も、ひと口ぶんを塗る

ライス

フォークの腹にのせる。右手にフォークを持ち替え、フォークだけで食べてもOK

メロン

1. フォークで左端を押さえ、右端から実と皮のあいだにナイフを入れていく
2. 左端は切りにくいため、メロンを回転させて左右を入れ替えて切る
3. 身がはずれたら、左端からひと口ずつ切って食べる

こんなときどうする？

❶ 食べきれない！
食後のサイン（189ページ参照）と同じでOK。ナイフとフォークを右側に並べておきましょう。給仕係が下げてよいかを尋ねてくるので、「ありがとうございます」と下げてもらいます。

❷ 持ち帰りたい！
せっかくのお料理ですから持ち帰りたいときもあるでしょうが、ほとんどの会場では衛生管理上NGです。なかには折り詰めにしてくれる場合もありますが、周囲の人にはあまりよい印象を与えません。ビジネスで出席しているのであれば、ここはぐっとがまんしましょう。

❸ グラスに口紅がついたら
口紅のついたグラスを放置するのは、少し恥ずかしいもの。そんなときには、まわりから見えないように指でそっとぬぐいましょう。指はひざの上にあるナプキンで拭けばOK。

第6章 恥をかかない冠婚葬祭（ビジネス版）

テーブルマナー ～日本料理～

箸を正しく使う
何よりそれが先決！

① **箸がすべてを壊す**：どんなに作法を覚えても、箸づかいが×印や握り箸になっているとすべて台無し。日本料理の基本は"箸"にある

② **食べ方いろいろ**：日本料理は種類が豊富。そのため料理によっては、マナーが関係ないものも。TPOに合わせおいしく食べ分けよう

● 箸を正しく使えていますか？

　和食にもさまざまなマナーがあります。たとえば、椀ものが右にあれば、右手でふたを取り、左にあれば左で取る。一度に多くの料理が運ばれる膳料理では、手前から左、右、中央と食べ進める……といったものです。しかし、そこまで細かく見ている人はほとんどいません。ただ、箸だけは気をつけましょう。

　箸の持ち方が間違っていると、「日本人なのに箸も使えないのか」と悪い印象を与えてしまいます。今一度、自分の持ち方を確認してみましょう。

　まずは箸を正確に持てるかチェック。次に、先端をどれくらいまで使っているかを確認します。==使うのは1.5～3cmまで。やや少ない程度の量をつかむようにすればできる==ので、ふだんの食事から練習しておきましょう。

箸の持ち方・置き方

■ 箸の持ち方

1. 右手で静かに箸を持ち上げる 
2. 左手を箸の下から添える 
3. 右手を箸の下にすべらせて持ち替える

＊上の箸（操作箸）は鉛筆と同じように、下の箸（固定箸）は親指のつけ根からすべり込ませるように差し込んで持つと、形は正しくなる

■ 箸の置き方

　持ち方とは逆の手順で、料理に触れた部分がテーブルにつかないように置く。箸置きがない場合は、箸袋を折りたたんで代用とする。

NG 箸づかいのNG

移り箸
おかずから別のおかずへ移る食べ方。前のおかずの味が混じるので×。必ずごはんか汁ものを挟むこと

逆さ箸
大皿のおかずをとる際、箸を逆さに使うこと。手で触れたところを使っているので、かえって不衛生

涙箸
煮ものや汁ものを食べる際、器を持ち上げないと汁が垂れてテーブルや洋服を汚してしまう

刺し箸
おかずを箸先で刺す使い方。箸を使い始めたばかりの子どもがよくやる。品のない行為で×

ちぎり箸
両手に1本ずつ持って料理を切ること。正しい持ち方なら、きちんと切れるはず

渡し箸
器の上に渡すようにして置くこと。箸置きがない場合は、箸袋で箸置きをつくってその上に

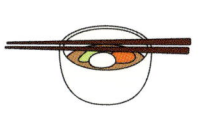

こんなときどうする？

汁やそばはすすっていい？

お吸いものは音を立ててはいけません。一方、おそばは「すすって飲むのがいちばんおいしい」といいます。おそばの専門店ならそれでOK。しかし、それ以外の場所、とくに披露宴会場などでは控えたほうが無難です。すする音は鼻水を連想させてしまうので、品のない行為といわれています。

マメ知識

お寿司の食べ方

「ネタのほうにしょうゆをつけて、そのままネタを舌にのせる」のがおいしい食べ方とされています。そのためには、手で食べるのがいちばん。そばも寿司ももともとは「ファストフード」。うるさいマナーはありません。いろいろなネタを、楽しみながら好きなように食べましょう。

第6章 恥をかかない冠婚葬祭（ビジネス版）

立食パーティーの基本
食事よりも会話を楽しむ

① **会話を楽しむ場**：空腹でも食事は控えめに。たくさんの人と出会い、会話を楽しむのが立食パーティーの基本スタンス

② **イスは優先席**：会場のイスは、途中で気分が悪くなった人や妊婦などに向けた優先席。よほど疲れていない限り座らないのがマナー

● 出会いづくりに適したパーティースタイル

　若いうちはついつい食い気に走りがちになりますが、立食パーティーは本来会話を楽しむために用意されたイベントです。どれだけお腹が空いていても食事は4割まで。6割以上は会話に費やすのが正しい礼儀といえます。

　なお、同じ人とばかり会話するのはよくありません。なるべくいろいろな輪の中に入って親睦（しんぼく）を深めるようにするのがベストです。

　慣れないうちは気後（きおく）れしてしまうかもしれませんが、参加者は「さまざまな人との会話を楽しむもの」とわかっているので、気軽に受け入れてくれます。

　この機会に新しいご縁をたくさんつくるようにしましょう。

● 皿とグラスの持ち方

　立食パーティーは海外が発祥。それだけに握手を求められることが多いのも特徴です。そこで問題となるのが、皿やグラス、フォークなどの持ち方。いちいちテーブルに置くのもめんどうですし、置いたら置いたで自分のグラスがどれかわからなくなってしまいます。

　そこで、イラストのように片手で持てるように練習しましょう。ただし、この持ち方でも拍手は難しいので、そのときだけはテーブルへ置いて拍手しましょう。

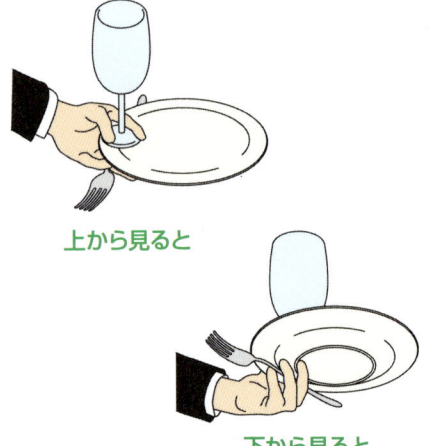

上から見ると

下から見ると

立食マナー6つの基本

基本1 立って食べる

「立食」ですから、立ったまま食べます。また、食事中も料理にばかり注目せず、周囲の人や会話に注意を向けるようにしましょう。

基本2 自分のぶんしかのせない

「取ってきて」と頼まれることもありますが、自分のお皿に他人の料理を盛るのはNG。頼まれたときは、その人用にお皿を用意し、取り分けましょう。

基本3 冷たい料理と温かい料理

冷たい料理と温かい料理は、同じお皿に盛らないようにしましょう。また、取ったものを残すのはマナー違反。欲張らず、食べられる範囲で盛りつけてください。

基本4 じゃまにならないように

配膳台（はいぜんだい）やバーカウンターの前、入り口近くなど。スタッフや参加者がひんぱんに行き交う場所にとどまるのは、パーティー進行の妨げに。テーブルまわりに移りましょう。

基本5 積極的に輪の中へ

知り合いがいないからと、1人でポツンと話しかけられるのを待っていてはいけません。率先して人の輪の近くに行き、会話に入っていきましょう。

基本6 トイレも控えめに

トイレや携帯電話などによる中座も控えめに。出会いと歓談の場ですから、周囲の人やあなたに声をかけたいと思っている人に失礼です。

● 女性は小さいバッグを持参

よくカバンをイスに置いて座席を確保している女性を見かけますが、これは二重のマナー違反。

まず、イスは気分の悪い人や妊婦、お年寄りのために用意された優先席です。座って食べるためのものではありません。

また、荷物はクロークに預け、両手が空いた状態で参加するのがマナー。ショルダーバッグやポシェットなどを用意しておき、貴重品や小物を移し替えて会場入りするのが、女性のたしなみです。

こんなときどうする？ 疲れたから座りたい

イスは優先席。そのため、座ると「楽しんでいないのかな？」と周囲の人に気を使わせてしまいます。しかし、どうしても疲れてつらい場合は、「ちょっと失礼します」とひと言断ってから座りましょう。しかし、あまり長く座らないように注意して。

訃報を聞いたら
自己判断は危険！
まずは上司に相談を

① **まずは上司に相談**：訃報を受けたら、通夜・葬儀の日程と場所を確認し、上司に相談を。自分の近親者の場合も同様に相談する
② **宗教を間違えない**：通夜や葬儀は宗教色の濃い儀式。必ず相手の宗教を確認し、間違いのない対応を。また、欠席する場合は弔電を

● 通夜から参加か、葬儀のみか

　死者を弔う祭儀には大きく分けて、「通夜」「葬儀」「告別式」の3つがあります。
　通夜は、亡くなった方とこの世ですごす最後の夜です。一般的には親しい人が集まって故人を偲ぶ場ですから、親類縁者が中心。しかし、個人的に思い入れのある方なら、通夜から参加したほうが故人も喜ぶことでしょう。
　葬儀は、死者を送り出す公的・宗教的な儀式です。
　告別式は、その名のとおり故人との別れを告げる式で、最近では葬儀といっしょにおこなうことがほとんどです。
　いずれにせよビジネス関係の訃報なら、まずは上司に報告してください。そこで通夜から参加するか、葬儀に誰が行くのかといった対応を、会社として決めてもらうのがよいでしょう。

● 社葬をおこなう場合

　社葬は、会社の責任で進める葬儀です。遺族との合同会になる場合もありますし、遺族とは別に会社がおこなう場合もあります。故人を弔うのはもちろんですが、故人の後継者を公表して人事交代を広く知らせる意味もあります。
　会社の威信にかかわるものですから、失礼のないようにふるまうことが大切です。具体的な内容などは、役割ごとに大きく違いますので、上司の指示にしたがってください。

訃報を受けたあとの流れ

確認と報告

訃報を受けたら、「そうですか……ご愁傷さまです」などと声をかけ、以下のことを確認します
- いつ亡くなったのか
- 通夜や葬儀の日時と場所
- 誰に伝えておくべきか

そのあと、「かしこまりました。ごていねいにありがとうございます。お悔やみ申し上げます」と締めくくり、上司へ伝えます。親しい人なら「お手伝いできることがあれば、遠慮なくおっしゃってください」と声をかけてください

また、自分の近親者の場合もまずは上司に相談し、故人のもとへ駆けつけられるよう手配してもらいましょう

香典、供花・供物の準備

香典 宗教に合う形式で用意します。包む額は故人との関係で変わってきますが、ビジネス上の関係者であれば、会社ごとに決まりがあるのでしたがいます（206ページ参照）

供花・供物 こちらも宗教ごとに違います。わからない場合は、葬儀を取り仕切る葬儀社に尋ねるのが確実ですが、会場を調べれば宗教・宗派のおおよその判断がつきます

服装の準備

喪に服するときの衣装は、宗教にかかわらず黒です。通夜の場合は平服でも構いませんが、派手なもの・光りものは避けます

通夜に参加する

ビジネス上の関係でも、親しい人なら通夜に参加しましょう。葬儀に参加する場合でも香典は通夜に渡して、当日は記帳だけにします

葬儀に参加する

宗教によって作法が変わります。しかし、新人のころは末席にいるので、作法がわからない場合は、前の人の動作を確認して同じようにおこないましょう

弔電について

通夜、葬儀に参列しない場合は、喪主宛てに弔電を送ります。喪主がわからない場合は、「○○○○（故人名）ご遺族様」とします。仕事関係なら「ご尊父様のご逝去を悼み、謹んでお悔やみを申し上げます」など、簡単で構いません。電文中には故人の名を入れず、「ご尊父様」「ご母堂様」などの敬称を用います。

敬称については、電報（送り方は181ページ参照）を送るときに確認しましょう。

第6章 恥をかかない冠婚葬祭（ビジネス版）

香典の基本
違いを知り
失礼のない準備を

① **宗教で異なる名目**：不祝儀袋の名目は宗教・宗派によって変わる。また、御霊前・御仏前は、日数によって変わる。下調べが重要
② **不祝儀の書き込み**：薄墨で書くのが基本。なければ筆ペンに水をつけながら書くとよい。じかに渡せないときは郵送で

● 宗教・宗派を間違えない

通夜、告別式に参加するときは香典を持参します。

ただし、宗教・宗派によって香典の名目が違います。たとえば、仏教では「御香料」「御霊前」「御仏前」ですが、お香を用いない神式では「御榊料（おさかき）」「御玉串料（たまぐし）」となります。香典を用意するときは、宗教、宗派を確認してからにしましょう。

なお、通夜と告別式の両方に参加する場合、香典は1回。通夜に持参すればOKです。その際は、袱紗（ふくさ）に入れて持ち運ぶのがベスト。告別式だけに参加する場合も、できれば通夜の時点で渡しておくほうがよいとされています。

● 香典の起源

昔の葬儀では弔問客（ちょうもん）がお香を持参し、それを焚（た）いて弔（とむら）っていました。時代が進むにつれ、==お香を持参しなくなるとともに「葬式にはお金がかかる」という互助（ごじょ）の気持ちから金銭を包みはじめた==ようです。

本来、お香を焚くのは仏教のしきたりですが、こうした経緯から今では宗教問わず香典という形で金銭を包むことが定着しました。

袱紗の包み方　～弔事～

① 裏側の中央よりやや右に不祝儀袋を置く

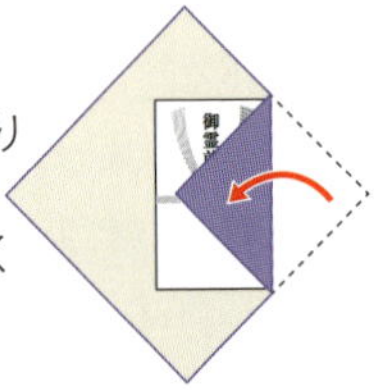

② 右→下→上の順に折り返す

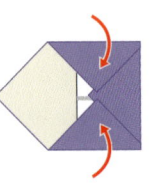

③ 最後に左側を折り返す

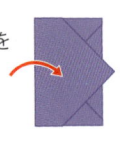

不祝儀袋の書き方

■ 外袋(表)　■ 外袋(裏)　■ 中袋(表)　■ 中袋(裏)

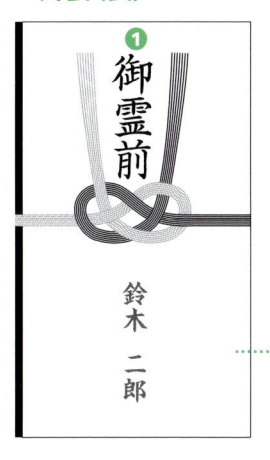

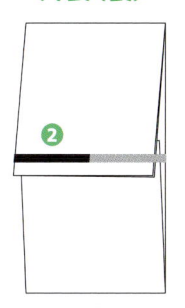

① 御霊前／鈴木 二郎
② (折り)
③ 鈴木 二郎／東京都○○区○○○○-○-○
④ 金五千円

……不祝儀の場合、濃い墨で書くのではなく、淡い薄墨で書くのが基本。薄墨がなければ、筆ペンに軽く水をつけて書けば薄くなります

① 表書き
宗教・宗派により異なる。また、四十九日前後でも違うので、しっかりと調べてから記入を

② 折り方
慶事とは逆。下→上の順で折る

③ 差出人
書き方はご祝儀袋(181ページ参照)と同じ

④ 金額
不祝儀の場合は、金額を中袋裏側へ記載する

額は故人との関係により異なる(206ページ参照)。新札だと亡くなることを予期して用意した印象を与えるので、必ず折り目のついたお札を使うこと

宗教別水引・表書き一覧

	仏式	神式	キリスト教式	無宗教の場合・不明の場合
水引	黒白 黒銀 ＊蓮の花が描かれたものは仏式	黒白 双白 双銀	なし ＊十字架やユリが描かれているのはキリスト教式	黒白 双銀
表書き	御香料 御仏前	御榊料 御玉串料 神饌料	御花料 御霊前	志 御花料

こんなときどうする？ 直接渡せないときは

通夜にも葬儀にも出席できないときは、郵送(現金書留など)で香典を送ります。その際、お悔やみと参列できない理由を手紙にしたため、同封しましょう。手紙の内容は、訃報を聞いた際の気持ち、遺族への慰めと労り、参加できない理由、故人の冥福を祈る言葉。以上4点を含めたものにしましょう。

通夜、葬儀の服装
とにかく地味にする配慮を

① **通夜は例外的**：通夜は亡くなった当日の場合も多いので、地味なら平服でも可。できれば、会社に喪服を準備しておくとスマート
② **葬儀は喪服で**：男女とも黒かダーク系のスーツで。ワイシャツのみ白無地で、ネクタイや靴下・ストッキングも黒で統一すること

● 手持ちのダークスーツでも大丈夫！

葬儀は故人を弔う大切な儀式です。慶事以上に服装には気を使ってください。

まず、喪服の正装はモーニングですが、これは大きな葬儀の喪主や葬儀委員長が着るもの。一般的には準喪服のブラックスーツが間違いのない選択です。

また、略喪服として無地のダークスーツも認められています。ただし必ず、ワイシャツは無地の白、ネクタイと靴下、革靴は黒でまとめ、参列してください。お葬式は、いつどこであるかわかりません。これらは自宅だけでなく、会社にも一式そろえておくのがベストです。

女性の場合は黒のワンピースが基本。スーツなら男性と同様に黒、もしくはダークスーツでOKです。

● 最低限守るべき服装

訃報が届いてからでは遅いので、準備しておきます。喪章は遺族側（または葬儀運営者）の印、数珠は仏教徒が持つものなので、必須ではありません。

常備しておきたい喪服
- ブラックスーツ（ダークスーツ）
- 白のワイシャツ
- 黒のネクタイ
- 黒の靴下
- 黒の革靴

● 女性のアクセサリー

弔事で身につけるアクセサリーは、シックでおとなしいものにとどめます。真珠の1連ネックレスやブローチなど、地味なものなら大丈夫です。

注意すべきなのは、デザインや形です。細いチェーンのペンダントはOKだからと、仏教式の葬儀に十字架のデザインでは、故人と遺族に対し無礼です。指輪も結婚指輪など以外は控えましょう。

正しい喪服スタイル

男性

ブラックスーツ
うわついた感のあるストライプは避ける。カフスやネクタイピンは地味に

ダークスーツ
ストライプは控える。手持ちでもっとも黒に近いものを

女性

黒のワンピース
アクセサリーは真珠か黒の同系色で地味に。ストッキングは黒か肌色。靴やバッグも黒が◎

スーツ
黒かそれに近いものを。ブラウスは白。パンツや長めのスカートで露出を少なく

通夜と葬式で服装を変える?

　通夜は突然おこなわれます。「訃報を聞いて駆けつける」という点から、地味ならば平服でも問題ありません。もし、派手な服装なら、そこにジャケットを羽織るなど工夫して駆けつけましょう。ただし、葬儀はあらかじめわかっているので、きちんとした服装で弔問しないと遺族に対し、たいへん失礼にあたります。

第6章　恥をかかない冠婚葬祭（ビジネス版）

弔事のふるまいと作法

宗教を超えて故人を弔う

① **弔意は声をひそめて**：ただ「このたびはご愁傷さまです」と告げるだけでなく、ささやくようにすると、それだけで弔意が伝わる

② **葬儀の作法は要注意**：葬儀のやり方は宗教・宗派だけでなく、地域によっても異なる。親族や前の順の人に倣うようにする

● 悲しみの気持ちは隠さない

葬儀や通夜は故人を偲ぶもの。故人を思い出しながら参列していれば問題ありません。神妙な面もちで待機し、遺族から話しかけられたら「このたびはご愁傷さまです」と告げ、故人との関係や思い出などを中心に会話を交わしましょう。

もし、悲しみが大きすぎて、うまくふるまえなかったときは、喪主や遺族に一礼してから席をはずしましょう。

悲しみに包まれている会場全体の雰囲気を壊さないこと。これだけはしっかりと守ってください。

受付での作法

1　受付で一礼し、「このたびはご愁傷さまでした」とお悔やみの言葉を

2　袱紗から香典を出し、「ご霊前にお供えください」と言葉を添えて、相手が読める向きに差し出す

3　芳名帳に自分の住所と氏名を記入。会社代表として参列する場合は、社名と所在地に続け括弧つきで自分の名前を記入

4　指示にしたがって移動。指示がない場合は、「どちらですか」と尋ね、待機場所へ

宗教別葬儀の概要

仏教式 〜焼香〜

焼香は1〜3回おこないますが、回数は宗派により異なるので、前の人に倣いましょう。

❶ 自分の番になったら席を立ち、僧侶と遺族に一礼。焼香台へ進んで遺影に向かって合掌

❷ お香を右手の親指、人差し指、中指でつまんで目の高さまで上げ、香炉に入れる

❸ 焼香後、再び遺影に合掌。遺族に一礼して席へ戻る

神式 〜玉串奉奠（たまぐしほうてん）〜

玉串とは、榊（さかき）に四手（しで）とよばれる細長い白い紙をつけたもので、神前に供えます。焼香のように参列者もおこなうので、親族などのやり方をしっかり見ておきましょう。

キリスト教式 〜献花〜

花をささげます。これも花が手前を向くように置くなどの作法があるので、親族などのやり方に倣います。また、キリスト教では手を合わせず、指を組んで一礼です。

● 葬儀を終えてから

ふだんの生活に戻ってから遺族と会ったときは、相手の気持ちを考え、誠実に声をかけましょう。目上の人の場合、相手の気持ちの回復を待ち、弔事についてはあえて触れないのも気づかいのひとつです。

もちろん、あいさつや業務上の話は、いつもどおりおこなってください。

葬儀ではどんな言葉をかければいい？

葬儀の場でよけいな言葉はいりませんが、「ご愁傷さまでした」と棒読みのように話すのは×。「このたびは……（少し間を置いて）……誠にご愁傷さまでした（語尾は消え入るように）」と、悲しみの気持ちを表現しましょう。

第6章 恥をかかない冠婚葬祭（ビジネス版）

贈答品の基本

感謝の気持ちを
あらわすいいチャンス！

① **基本は会社から**：ビジネスの相手に対するお中元やお歳暮は、基本的に会社から贈ることになる。一度上司に相談し、指示を仰ごう

② **いきなり贈らない**：品物をいきなり贈るのはNG。事前にお礼の手紙やメールを出し、あいさつしておくのがマナー

● 仕事関係は公人として贈る

ふだんは隠れている感謝の気持ち。それを形にして表現するのが、お中元やお歳暮をはじめとする贈答品です。

しかし、ビジネス関係の人への贈答品は、会社から贈るのが一般的。もし、贈りたい相手がいる場合は、まず上司に相談してみましょう。

また、贈る際はいきなり贈りつけるのではなく、季節のあいさつを含めた送り状を、あらかじめ送っておくのがマナーです。

贈り物は会社名義ですが、送り状は個人に任されることもあるので、しっかりと日ごろの感謝の気持ちをつづりましょう。

● 品物選びではここを考えて

相手の気持ちになって考えることが、何より大切です。送り先の人数より少ない品数やすぐに傷むもの、使い道が限定されているものなどはかえって迷惑。しっかりと考えて、相手が喜ぶものを選びましょう。

品物選びのポイント

- 相手の好みに合うもの
- 相手先の人数を配慮したもの
- 日持ちのするもの
- 産直品など
  ふだん手に入らないもの
- 季節感を与えるもの

贈答品あれこれ

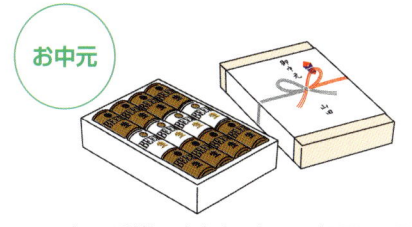

お中元

中元は道教に由来するもので、旧暦の7月15日のこと。これが中国から日本へ伝わり、お盆の習慣とあいまって、贈り物を渡す風習に

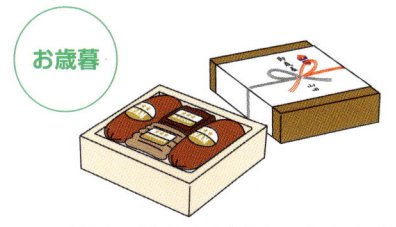

お歳暮

新年にご先祖さまを迎えるため、お供えものを置いた「歳暮の礼」。それがお歳暮の原形とされている。お中元を贈ったらお歳暮も必ず贈る

お年賀

新年のあいさつの意味を込めて贈るもの。年末にお歳暮を贈らなかった相手を中心に贈ればOK

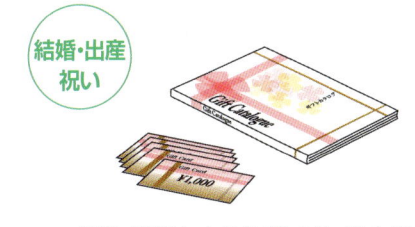

結婚・出産祝い

結婚・出産は、とにかく物入り。現金がいちばん喜ばれる。迷ったなら地元で使える商品券やギフトカード、選べるギフトなどが無難

その他のお祝い

ほかにも昇進祝い、定年祝い、開店祝い、新築祝い、入学祝いなど、さまざまなお祝いがあります。お祝いの品をもらって嫌がる人はいないので、できるだけ贈るようにしましょう。

こんなときどうする？

❶ 個人的に贈ってもいい？

仕事を抜きにして「この人と一生お付き合いしたい」「人生の師と仰ぎ、何かあったとき指導をお願いしたい」と思うこともあるかもしれません。そんなときには、その気持ちを伝えて個人的に贈ってもよいでしょう。

❷「喪中」でも贈ってよい？

原則的には「四十九日を過ぎてから」とされていますが、喪の期間をそれほど気にしない人も多くなっています。相手側から「結婚しました」「出産しました」など喜びの報告があったら、気にせず贈ってもよいでしょう。

第6章　恥をかかない冠婚葬祭（ビジネス版）

贈答品の基本

お付き合いのお金の目安

社会人になると、結婚式や葬儀以外にもさまざまな場面でお付き合いという名の出費が待っています。その際、高くても安くても、見当違いの金額を出すのは恥ずかしいものです。そこで、下表に目安となる金額を一覧にしました。ビジネス社会での一般的な相場なので、これで失敗は防げます。それでも不安なら、親しい人や先輩などに相談してみましょう。

また、社内の人に対しては、周囲と相談して「営業部一同」などと、グループとして贈るのがベストです。

なお、親族相手の場合は、地域や家ごとに異なるので、親しい人に相談しましょう。

イベント別金額の目安

	イベント	金額の目安
慶事	披露宴	上司 3万円、5万円　同僚 2万〜3万円　友人 2万〜3万円
	出産祝い	5000円〜1万円
	入学祝い	小学校・中学校 5000円　高校・大学 1万円
	新築祝い	5000円〜1万円
	昇進祝い、栄転祝い	同僚 3000〜5000円　上司 5000円〜1万円
	金婚式、銀婚式	両親 1万円　知人 3000〜5000円
	長寿祝い	親類 2万〜3万円　知人 5000円〜1万円
弔事	香典	仕事関係 5000円〜1万円　友人・知人 3000〜5000円
	供花・供物	1万〜1万5000円
	お見舞金（病気・入院）	5000円〜1万円
	災害見舞い	5000円〜1万円
その他	お中元、お歳暮	3000〜5000円
	お年賀	1000〜3000円
	お年玉	小学生 3000円　中学生 5000円　高校生 5000円〜1万円

交際費のつくり方

若手には厳しい金銭事情でしょうが、交際費がかかってしまうのは、社会人としてしかたのないこと。そこで、預金とは別に毎月5000円ほど交際費としてプールしておくことをおすすめします。20代半ばから結婚披露宴によばれる機会が格段に増えるので、その際に困らないよう今から対策を立てておきましょう。

■ 監修者紹介

第1章 **谷澤史子**（たにざわ　ふみこ）
Muse Branding Academy（株）代表取締役／イメージコンサルタント／カラーアナリスト
1969年生まれ。女子美術短期大学卒業後、大手アパレルメーカー勤務を経て、（株）ツクダ・クロス・スタイルに入社、同社専務取締役。2005年にイメージコンサルタントスタジオmuseを立ち上げ代表を務める。独自のメソッドで、OLやビジネスマン、起業家、政治家など幅広いニーズに応えている。
著書　『一瞬で好かれる初対面の技術』（すばる舎）、『仕事は見た目』（あさ出版）

第3章 **梶原しげる**（かじわら　しげる）
フリーアナウンサー／東京成徳大学応用心理学部客員教授
1950年生まれ。早稲田大学法学部を卒業後、文化放送にアナウンサーとして入社、約20年在職。92年からフリーとなり、JFN系列（FM）「梶原しげるのNEXT ONE」をはじめテレビ、ラジオで活躍。その傍ら49歳で東京成徳大学大学院心理学研究科に進学し、心理学修士号を取得。シニア産業カウンセラー、認定カウンセラー、健康心理士の資格を持ち、精神科クリニックや心理相談センターでカウンセリング業務を担当。日本語検定審議委員も務める。
著書　『毒舌の会話術～引きつける・説得する・ウケる』（幻冬舎）、『口のきき方』『すべらない敬語』（新潮社）など

第5章 **平野友朗**（ひらの　ともあき）
（有）アイ・コミュニケーション代表取締役／メルマガコンサルタント
1974年生まれ。筑波大学で認知心理学を専攻。広告代理店勤務時代、営業部を経てネットマーケティング部に配属。メールマガジン初期からその可能性にいち早く気づきノウハウを体系化する。その後、（有）アイ・コミュニケーション設立。起業からわずか7年で顧客は5000社を超える。ビジネスメール教育のスペシャリストでもある。
著書　『仕事とお金を引き寄せる人脈構築術』（ぱる出版）、『ビジネスメール「こころ」の伝え方教えます』（技術評論社）など
ウェブサイト　平野友朗公式サイト　http://www.sc-p.jp/
　　　　　　　メルマガの教科書　　http://m-magazine.jp/
　　　　　　　ビジネス実践塾　　　http://www.jissenjyuku.jp/

第6章 **岩下宣子**（いわした　のりこ）
マナーデザイナー／現代礼法研究所主宰
共立女子短期大学卒業。全日本作法会の内田宗輝氏、小笠原流小笠原清信氏のもとでマナーを学び、1984年に現代礼法研究所を設立。多数の企業や公共団体、商工会議所などでマナーの研究・指導・講演と、執筆活動をおこなう。NPO「マナー教育サポート協会」理事長。
著書・監修書　『図解　マナー以前の社会人常識』（講談社）、『作法が身につく しきたりがわかる　冠婚葬祭マナーの便利帖』（高橋書店）など多数

● おもな参考文献　『「なんで挨拶しなきゃいけないの？」マナーの「ナンデ」がわかる本』（あさ出版）
　　　　　　　　　『暮らしの絵本 お仕事のマナーとコツ』（学習研究社）
　　　　　　　　　『最強の仕事術』（河出書房新社）
　　　　　　　　　『新入社員ゼッタイ安心マニュアル』（河出書房新社）
　　　　　　　　　『ビジネス・スキルズ ベーシック 時間管理術』（秀和システム）
　　　　　　　　　『平林都の接遇道 人を喜ばせる応対のかたちと心』（大和書房）
　　　　　　　　　『時間管理術を学べ!!』（ディスカヴァー・トゥウェンティワン）
　　　　　　　　　『心をつかむ接客マナー お客さまを主役にする瞬間』（PHP研究所）

● staff　編集協力　加藤達也
　　　　　執筆協力　大野マサト／中村裕美／佐藤孝子／宇納裕子／中元彩紀子
　　　　　デザイン　コミュニケーションアーツ
　　　　　イラスト　安ヶ平正哉／宮崎信行

さすが！と言われる
ビジネスマナー完全版

編　者　高橋書店編集部
発行者　高橋秀雄
編集者　岡村洋平
発行所　高橋書店
　　　　〒112-0013　東京都文京区音羽1-26-1
　　　　編集 TEL 03-3943-4529 / FAX 03-3943-4047
　　　　販売 TEL 03-3943-4525 / FAX 03-3943-6591
　　　　振替 00110-0-350650
　　　　http://www.takahashishoten.co.jp/

ISBN978-4-471-01125-3
Ⓒ TAKAHASHI SHOTEN　　Printed in Japan
定価はカバーに表示してあります。
本書の内容を許可なく転載することを禁じます。また、本書の無断複写は著作権法上での例外を除き禁止されています。本書のいかなる電子複製も購入者の私的使用を除き一切認められておりません。
造本には細心の注意を払っておりますが万一、本書にページの順序間違い・抜けなど物理的欠陥があった場合は、不良事実を確認後お取り替えいたします。下記までご連絡のうえ、小社へご返送ください。ただし、古書店等で購入・入手された商品の交換には一切応じません。

※本書についての問合せ　土日・祝日・年末年始を除く平日9：00〜17：30にお願いいたします。
　内容・不良品／☎03-3943-4529（編集部）
　在庫・ご注文／☎03-3943-4525（販売部）